# Labirintos
# da alma

**Dados Internacionais de Catalogação na Publicação (CIP)**
**(Câmara Brasileira do Livro, SP, Brasil)**

Trevisol, Jorge
    Labirintos da alma : um jeito humano de olhar para o mistério de si mesmo / Jorge Trevisol. – Petrópolis, RJ : Vozes, 2019.

Bibliografia.

1ª reimpressão, 2019.

ISBN 978-85-326-6118-0

1. Autoconhecimento  2. Consciência
3. Desenvolvimento pessoal  4. Espiritualidade
5. Misticismo – Cristianismo  6. Psicologia transpessoal
I. Título.

19-25311                                                                 CDD-153

Índices para catálogo sistemático:
1. Espiritualidade mística : Psicologia transpessoal   153

Maria Alice Ferreira – Bibliotecária – CRB-8/7964

Jorge Trevisol

# Labirintos da alma

Um jeito humano de olhar
para o mistério de si mesmo

EDITORA VOZES

Petrópolis

© 2019, Editora Vozes Ltda.
Rua Frei Luís, 100
25689-900 Petrópolis, RJ
www.vozes.com.br
Brasil

Todos os direitos reservados. Nenhuma parte desta obra poderá ser reproduzida ou transmitida por qualquer forma e/ou quaisquer meios (eletrônico ou mecânico, incluindo fotocópia e gravação) ou arquivada em qualquer sistema ou banco de dados sem permissão escrita da editora.

**CONSELHO EDITORIAL**

**Diretor**
Gilberto Gonçalves Garcia

**Editores**
Aline dos Santos Carneiro
Edrian Josué Pasini
Marilac Loraine Oleniki
Welder Lancieri Marchini

**Conselheiros**
Francisco Morás
Ludovico Garmus
Teobaldo Heidemann
Volney J. Berkenbrock

**Secretário executivo**
João Batista Kreuch

*Editoração*: Fernando Sergio Olivetti da Rocha
*Diagramação*: Sheilandre Desenv. Gráfico
*Revisão gráfica*: Alessandra Karl
*Capa*: Idée Arte e Comunicação

ISBN 978-85-326-6118-0

Editado conforme o novo acordo ortográfico.

Este livro foi composto e impresso pela Editora Vozes Ltda.

# Sumário

*Introdução*, 7

**Parte I – A misteriosa dor da alma, 11**

A obscura face do humano, 13

As sombras e a alma, 21

**Parte II – O desvelar-se da alma, 33**

O desenvolvimento humano e o desvelamento da alma, 35

**Parte III – A humanização da alma, 49**

Diferentes dimensões do ser, 51

**Parte IV – A escalada da montanha, 61**

Estágios de organização e desvelamento da complexidade humana, 63

**Parte V – Turbulências da alma, 121**

A sensação de ter perdido a alma, 123

**Parte VI – Anjos da alma, 143**

A arte de ajudar a reencontrar o caminho da alma, 145

**Parte VII – Tornar-se anjo de si mesmo, 163**

Exercitando o autocuidado, 165

*Algumas práticas de cuidado da alma, 183*

# Introdução

Há no ser humano um âmbito todo especial que, quando tocado, tem o poder de elevá-lo aos níveis mais altos de humanidade a ponto de fazê-lo experimentar aquilo que há de mais sagrado e escondido no profundo de si mesmo. A espiritualidade e a mística de várias religiões muito se ocuparam dessas experiências, e por mais que se detiveram em pesquisar e aprofundar o sentido delas, tanto mais esbarraram diante da imensidão desse mistério insondável que habita a alma humana.

Todo ser humano é portador desse mistério e nenhum consegue escapar de seu domínio, por mais que tente negá-lo. Para alguns ele é fascinante e muito desejado, para outros ele é tanto tremendo quanto negado. No entanto, ele não fica calado. Sempre encontra uma forma de se revelar, mesmo por vias estranhas e inesperadas. Para a maioria ele se apresenta de maneira mansa e serena, mostrando cada dia um pouco de sua complexidade. Para outros, irrompe de modo tempestuoso e derradeiro, a ponto de deixar a alma muitas vezes em estado de confusão e desespero, achando de estar sendo roubada ou destruída pelos ventos de sua fúria misteriosa.

Quem não conhece seus segredos pode ser vítima do grande medo que se origina do fato de desconhecê-lo ou de não conseguir prendê-lo entre as paredes do intelecto racional, por não conseguir explicar seu sentido original.

Com esse mistério, no entanto, é que a alma vem, desde a tenra idade, em cada infante nascido, apesar do grande perigo de esquecê-lo já desde o começo. Vai ter de crescer passo a passo, e a cada dia enfrentar o embaraço de não poder esperar que o tempo passe, pois para cada idade existe uma noite escura que prepara a aurora do outro dia, para que se tenha a luz que alumia os outros níveis desse mistério.

A maior parte dos estudiosos chamou isso de estágios de desenvolvimento, mas na verdade é o desvelamento da alma que se expressa em cada etapa e na hora certa, para que se chegue ao cume do grande monte, no mais amplo horizonte, onde jazem os mais elevados níveis que o ser conhece. Mas para isso vai ter de se perder ou se deixar vencer pelo desconhecido, pois só quem já tiver subido vai poder saber do Grande Mistério escondido.

O desafio é passar pela dor da alma perdida, que uns padecem por deixá-la esquecida e outros por a desejarem de maneira desmedida. Há que se despertar o Espírito para que ela seja conhecida, ou acalmar o desejo para que se diminua o medo, a fim de que se desvele o grande segredo de um Mistério que é tão desejado quanto rechaçado, pois, uma vez por Ele tocado, a alma bem o sabe, não terá mais sossego.

Em *Labirintos da alma* trataremos desses segredos, dos fascínios e dos medos que, por vezes, nos fazem dar passos

8

e, por outras, cair no fracasso, na tarefa de conhecer quem somos. Bem no começo mostraremos alguns fenômenos que revelam nossas sombras pessoais e coletivas que assolam a humanidade e a nossa vida, para, em seguida, mostrar como essas fazem parte do ser humano, esses complexos, que nos enganam fazendo-nos pensar quem não somos. Logo depois nos delongaremos sobre os estágios do eu humano em que se mostram os avanços e os regressos, na difícil tarefa de se autorrevelar, para que se veja a alma que está a nos acompanhar. Veremos que desenvolver-se é o mesmo que autorrever-se, tomando consciência de cada passo, dos avanços e dos fracassos, para saber quem somos. Veremos também o complexo psíquico e espiritual das emergências da alma, seu teor de sanidade e patologia, propondo um modo de compreender e de se tratar em cada estágio em que se manifestam, permanecendo bem abertos ao que é sopro do Espírito, para que se veja a total inteireza da vida dos que por ela transitam. Mostraremos como o despertar espiritual pode ser tanto de modo arrebatador quanto de maneira branda e serena. Para cada uma das experiências existe um jeito de se cultivar o mistério que deseja se revelar. Por isso, trabalhamos a importância do cuidado humano e do cuidador, para que se faça isso com muito amor, uma vez que se trata do mistério de cada pessoa que está fazendo o processo de sua alma. No fim, usando algumas práticas dos monges cristãos, antigos e novos, propomos um jeito pedagógico de autocuidado, para que se faça o caminho passo por passo, cuidando do próprio mistério, cada um do seu jeito e com seu propósito.

Que, na mais pura humildade, este livro possa servir de instrumento para todos aqueles que desejam conhecer os labirintos da própria alma, suas luzes e suas sombras, sua sanidade e patologia, seus desejos e seus medos, no intuito de descobrir o mais inteiro sentido do mistério que se esconde em algum lugar da própria alma.

# PARTE I

## A misteriosa dor da alma

*Humana alma que tens como origem a
Fonte que não foi originada. Talvez seja
por isso que teu desejo de eternidade
não te deixa quieta aonde não houver o
reconhecimento de tua misteriosa origem.
Conhecida é tua dor naquele que não te
conhece e escura é a noite de quem,
por te conhecer, dói, mesmo até morrer,
mas não morre, com medo de te perder.*

# A obscura face do humano

━ ━ ━ ━

A vida humana é permeada de experiências que, assim como cada uma delas acrescenta substância interna ao ser, também revelam o que há já de mais profundo nele. Muito se tem falado e escrito sobre a importância de conhecer-se e tornar-se autoconsciente a fim de descobrir a profundidade e a largueza de nosso eu na sua mais original e pura verdade. No entanto, mesmo depois de muitos anos de história humana sobre a Terra ainda nos debatemos, como humanidade, em descobrir o sentido de tantas aberrações cometidas por nós mesmos, ainda que contrárias às nossas intenções e opções fundamentais. Em nível coletivo nos deparamos com a violência nas suas mais diferentes feições, a competição, a ganância, o materialismo, a corrupção e o consumismo exacerbados. No âmbito individual ainda não sabemos o que fazer com a raiva, com o medo nas suas mais diferentes formas de fobias, com o estresse e, principalmente, com o alto nível de insatisfação interna experimentado como tristeza, apatia, desmotivação para a vida, pouca estima e um senso de solidão, por vezes angustiante.

Precisamos também constatar e reconhecer que nesses últimos anos de história – além de usufruirmos da sabedoria milenar das muitas tradições religiosas e sapienciais –, a ciência tem se esmerado muito em procurar saídas, particularmente no seu viés mais humanístico, para que se pudesse interpretar e compreender melhor todos esses fenômenos humanos coletivos e individuais. Basta pensar nas proporções tomadas pela psicologia, nas suas várias correntes de pensamento e prática terapêutica, na medicina e psiquiatria, na neurologia, na filosofia e na sociologia, inclusive na própria teologia, enquanto ciência e método interpretativos da realidade.

No entanto, não estamos satisfeitos com o que colhemos de nossas semeaduras. Não sabemos por que decidimos semear amor e colhemos o que parece não ser fruto dele; não temos explicações que nos ajudem a entender por que, mesmo depois de empreender um caminho de vida que aponte para a paz, para o bem, para a concórdia, para a tolerância e a compaixão, acabamos nos surpreendendo com atitudes individuais ou coletivas de violência, de preconceito, de competição, de agressividade ou mesmo de medo, de insegurança, de insatisfação, de inveja, de senso de pouca valia e rejeição. Paulo de Tarso, um grande místico cristão, expressou essa dialética de base escrevendo aos romanos: "Faço o mal que não quero e deixo de fazer o bem que quero".

**O mundo das sombras**

C.G. Jung considerou todos esses fenômenos acima descritos, e outros mais, como pertencentes ao mundo das sombras, tanto da humanidade como do indivíduo humano. Segundo o velho e sábio psicólogo suíço:

Todo mundo carrega uma sombra, e quanto menos ela está incorporada na vida consciente do indivíduo, mais negra e densa ela é. Se uma inferioridade é consciente, sempre se tem uma oportunidade de corrigi-la. Além do mais, ela está constantemente em contato com outros interesses, de modo que está continuamente sujeita a modificações. Porém, se é reprimida e isolada da consciência, jamais é corrigida, e pode irromper subitamente em um momento de inconsciência. De qualquer modo, forma um obstáculo inconsciente, impedindo nossos mais bem-intencionados propósitos (*CW* 11, par. 131).

O grande problema gerado pela sombra não está simplesmente no fato de existir um lado obscuro em todas as realidades e principalmente no inconsciente individual e coletivo da humanidade, mas na dinâmica que é gerada por ela. Normalmente, o ego precisa manter seu senso de unidade e segurança. Toda vez que algo põe em risco essa aparente segurança o consciente adverte como perigoso e ameaçador, então reprime, mandando para o inconsciente. Forma-se ali, aos poucos, esse complexo sombrio de nosso ser, a constelação das sombras. No entanto, o que está reprimido não está morto. Assim, qualquer coisa externa que de um jeito ou de outro desperta o que está reprimido gera algum tipo de sentimento desconfortável, como medo, raiva, agressividade ou culpa.

O que é que a sombra faz, então? Pressiona o ego para que ignore e projete externamente sua fraqueza: vendo o mal nos outros ele tem a sensação de se livrar do mal que sente. A projeção tem uma complexa estrutura de expressividade. Ela se revela na inveja, nos julgamentos, na projeção e na idealização, e carrega como pano preto de fundo a negação, mantendo o indivíduo cego a esse complexo sombrio de seu ser.

Para Jung a projeção "é uma transferência inconsciente e não intencionada de um fato psíquico subjetivo para um objeto exterior"[1]. Uma discípula de Jung chamada M.L. Von Franz, diz que:

> Logo que uma pessoa projeta sobre outra um pouco de sua sombra, esta se sente estimulada a tais discursos maldosos. As palavras (acusações, indiretas) que atingem o outro como projéteis simbolizam o fluxo de energia negativa que alguém projeta sobe o outro. Quando somos alvo das projeções negativas de outra pessoa, muitas vezes nós sentimos quase que fisicamente o ódio do outro, como se fosse um projétil[2].

Para Jung aquilo que causa as projeções são os complexos. Ele definiu o complexo como sendo "a imagem de uma determinada situação psíquica possuidora de viva carga emocional, e que, além disso, comprova-se como incompatível com a situação ou a atitude habitual da consciência. Esta imagem possui uma forte unidade interior, possui sua integridade própria, além de dispor de um grau de autonomia relativamente elevada"[3].

Jung distinguiu dois tipos de complexos: o da alma e o do espírito. O *complexo da alma* é aquele que se encontra no fundo do inconsciente do indivíduo, resultado das repressões de conteúdos ameaçadores que, por razões estéticas ou morais, foram excluídos da convivência. Esse deve ser trabalhado

---

1. VON FRANZ, M.L. Spiegelungen der Seele – Projektion und innere Sammlung in der Psychologie C.G. Jungs. Stuttgart, 1978, p. 111. Apud GRÜN, A. *Convivendo com o mal*. Petrópolis: Vozes, 2003, p. 20.

2. Ibid., p. 21.

3. JUNG, C.G. Gesammelte Werke. Vol 8. Zurique, 1967, p. 111. Apud GRÜN, A. *Convivendo com o mal*. Op. cit., p. 21.

e integrado pela pessoa. O *complexo do espírito* surge na medida em que determinados conteúdos do inconsciente coletivo penetram a consciência humana. Quando isso acontece, é percebido pela pessoa como algo estranho, que é ameaçador e fascinante ao mesmo tempo. Vem em forma de pensamentos estranhos, um mal-estar de ameaça e de opressão, a sensação de estar sendo oprimido, sufocado. Uma vez banido da consciência a pessoa retoma sua serenidade e paz. Grün nos diz que esse complexo precisa ser urgentemente expulso de nosso ser, do mesmo modo que os antigos expulsavam os demônios de uma pessoa[4].

Um exemplo típico de sombra poderia ser esse: o menino que cresceu numa família muito religiosa que em nome da paz, da fraternidade e do bem-querer não podia se zangar com ninguém, muito menos expressar a raiva, inclusive aprendeu na sua religião que ter raiva é moralmente errado. Reprimiu totalmente, portanto, a energia da raiva. E assim foi crescendo. Mas, quando via alguém expressando sua raiva, facilmente entrava em processo de julgamento dessa pessoa, inclusive considerando-a como má por suas atitudes. Por outro lado, idealizava as pessoas consideradas por ele como pacíficas, tranquilas e boas. E assim ele lidava com sua sombra. No entanto ficou conhecido pelos seus colegas como o menino bom, mas "estourado". Bom quando conseguia controlar sua raiva, e estourado quando essa lhe fugia do controle. Ele mesmo cresceu com essa noção de si, embora não falasse abertamente com ninguém sobre isso.

Por isso que tratar da sombra é desconfortável e desafiador, pois ela é um complexo que envolve dinâmica e energia,

---

4. Ibid., p. 22-23.

e ao mesmo tempo responde a umas demandas que não são nada conscientes.

Não bastasse tudo isso, a sombra individual também tem sua raiz e é continuamente reforçada pela sombra coletiva da humanidade. Isto é, o complexo sombrio de cada indivíduo humano das gerações passadas gerou e continua gerando uma espécie de "substância humanitária inconsciente" coletiva. O inconsciente coletivo foi uma das grandes descobertas de Jung, logo em seguida que Freud havia elaborado a teoria do inconsciente individual.

Deepak Chopra afirma que "nomear a sombra não foi o maior feito de Jung; nem a teoria dos arquétipos. Sua maior realização foi mostrar que os seres humanos compartilham um *self*. 'Quem sou eu?' depende de 'Quem somos nós?'"[5] Isto é, cada indivíduo, ao nascer, queira ou não, entra no processo histórico da humanidade, nesse mar da substância humanitária que se gerou ao longo da história humana. Ali estão engendradas as luzes e as sombras coletivas humanas geracionais. Portanto, no processo de separação e individuação que o sujeito faz ao desenvolver-se como ser único e social ao mesmo tempo, ele não está isolado e isento das forças coletivas inconscientes da humanidade, inclusive das sombras. Poderíamos dizer que ele é somente a ponta do lado de cá de uma longa corrente humana que teve seu início há muitos e muitos anos antes dele.

Uma das provas de que o mundo das sombras sempre esteve presente ao longo da história da humanidade é que a maioria das religiões e tradições, embora com modos e lin-

---
5. CHOPRA, D.; FORD, D. & WILLIAMSON, M. *O efeito sombra*. São Paulo: Lua de Papel, 2010, p. 26.

guagem diferentes, e de uma maneira ou de outra, teve de enfrentar a questão complexa do paradoxo humano, da luz e da sombra, pelo menos na incumbência dar uma explicação ao problema do bem e do mal presente desde os primórdios da humanidade.

Por sua vez, a ciência teve de lidar com o problema do caos no meio da ordem do universo, com o lado obscuro do conhecimento que pretende ser lúcido, com a questão da doença num organismo que necessita manter um equilíbrio saudável, com o declínio e a morte no percurso da vida que não quer morrer, com a questão da entropia como parte do ciclo da natureza, enfim, com o mundo dos contrários, enquanto o desejo é aquele de alcançar a harmonia de tudo.

Ambas, religião e ciência, sempre tiveram como objetivo dar uma solução ao paradoxo, mas permaneceram muito longe de alcançar tal objetivo, talvez, até, por terem ficado muito longe do próprio paradoxo.

**A face oculta da sombra**

Na maioria das vezes, esse aspecto paradoxal da vida humana foi tratado como um desequilíbrio do ser. Por isso mesmo, o lado iluminado do eu, sua identificação com o que é mais harmônico, pacífico, sereno, nobre, e aceito socialmente como bom, agradável e verdadeiro é que foi mais valorizado e mostrado pelos indivíduos e pela cultura. A sombra, no entanto, tem ficado sempre muito escondida ou revelada para poucos, normalmente para os quais se tornava quase que impossível não fazê-la conhecida, dado o grau de proximidade dessas pessoas no viver de cada dia do indivíduo ou do grupo.

Aliás, como bem disse Jung, as sombras, aquelas características indesejadas de si mesmo que o indivíduo carrega, permanecem escondidas não somente para a sociedade, mas, inclusive, elas se escondem do próprio indivíduo, enquanto conteúdo guardado no inconsciente, reprimido e desconhecido. Aspectos da sombra, como medo, raiva, ansiedade, violência, escondem-se no mais profundo do inconsciente humano que, quando menos se espera, num momento de distração ou de forte pressão, aparece de forma surpreendente, inclusive para aquele que os experimenta.

Em razão do caráter inconsciente que a acompanha, a sombra normalmente deixa o indivíduo fragmentado na noção de si mesmo. De um lado, ele deseja tanto a unidade e a conexão com tudo e, por outro, experimenta-se extremamente deslocado, incongruente, dilacerado, longe de seu eixo. Isso gera uma noção pouco segura, de inteireza, e naquelas vezes em que a força da sombra se mostrar muito potente é como se o indivíduo se perdesse nela, caindo na cegueira da escuridão, conferindo-lhe, assim, maior poder ainda.

Por conta disso, na maioria das vezes, o indivíduo não tem a noção do caráter destrutivo que possui sua sombra. Age sem ter o conhecimento do efeito de seu comportamento. Isso se pode ver a todo instante na televisão, no jornal, na rua, na humanidade em geral. É impressionante notar com que tamanha naturalidade se mata na guerra, com que facilidade se manipula os mais frágeis na sociedade, e com que violência se tratam as torcidas de futebol nos estádios. Ao mesmo tempo, no íntimo de cada um de nós, quantas vezes nos deparamos com pensamentos destrutivos, com desejos que não admitimos tê-los. É o reino das sombras tomando conta quando a sombra não é levada em conta.

# As sombras e a alma

■ ■ ■ ■

É importante nos perguntar em que lugar do nosso ser é que dói a dor das sombras. Aliás, será que todos sentem a sombra doer? Você nunca viu pessoas que parece nunca sofrerem nada? Outras sofrem de tudo! Do que é que depende o sentir da interioridade?

Eu, honestamente, não tenho respostas seguras para essas perguntas. Mas sentindo o que eu sinto de mim, sinceramente, tudo eu sinto na minha alma. Quando me alegro, é minha alma que está alegre. Quando me entristeço, se olho bem, é na minha alma que se enraíza essa tristeza. Quando choro, antes de mim, é minha alma que está chorando em mim. Quando estou a bendizer alguém ou alguma coisa, é minha alma antes de tudo que está em estado de bendição.

## O mistério da alma humana

Quero dizer o que eu entendo por alma, então. Já se falou muito sobre a alma, e quanto mais se fala dela, parece que tanto menos palavras temos para defini-la. Ela já foi definida como "força que move", "força vital", "sopro", "vento", "respiro". Eu entendo sim por alma, como as religiões dizem, aquela parte mais profunda de nós mesmos que é imortal mesmo quando tudo em nós morrer. Mas alma mesmo parece ser aquela parte de mim que somente eu sou assim; que por mais que alguém se esforçasse em me repetir, nunca seria capaz de ser o que eu sou de fato. A ponto de que se houvesse alguém que fosse igual a mim, um de nós não teria vindo. Alma é o que é essencialmente eu. Meu ser puro que é somente meu ser. É o que me caracteriza como ser que é. É o "eu sou" de mim.

Daria para dizer também que a alma é o âmbito de mistério que há em mim que me permite alcançar níveis profundos e infinitos de relações, mesmo com aquilo que está aparentemente muito além de meu ser. É através de nossa alma que chegamos a conhecer Deus e tudo o que diz respeito ao divino. Como disse o Mestre Eckhart, grande místico que viveu por volta de 1260-1327, que a alma é tão unida a Deus que um não pode ser compreendido sem o outro. Para ele, é impossível pensar a alma sem Deus. Por essa razão, a alma é o que me faz sentir, mesmo que por centelhas de fragmentos da realidade, que aquilo que eu imagino que somente Deus é, lá bem no profundo de mim, eu também sou. É quando se encurta e até se dissolve aquela distância que sempre pareceu haver entre eu e o Infinito, entre minha essência e aquela Essencial, entre o meu ser e Aquele divino. Tudo isso é na alma que se experimenta. Aliás, daria para dizer que na parte mais densa de minha alma é onde mais facilmente eu me reconheço, e naquela sutil mais sutil é onde reconheço Deus. Mas que por horas isso é tão inteiro que parece acabar a aparente dualidade. Para o filósofo Plotino, embora a alma pareça possuir dois rostos, pois está na aresta entre o infinito e o múltiplo da realidade sensível, entre o incorpóreo e o corpóreo, ela é sempre uma só e una.

Fico entristecido quando ouço pessoas que duvidam da alma que têm. Pois elas não estão somente negando a própria alma, senão se autodefinindo como ausentes dela. Negar a própria alma é como limitar-se a viver do que é aparente e imediato. A vida se torna muito pobre, uma vez que somente a alma é capaz de interpretar os mais profundos âmbitos de nós mesmos e atribuir um sentido que lhes seja condizente.

Quando eu vivo como se não tivesse alma, aquilo que eu encontro na vida nunca vai poder ser outra coisa senão aquilo que eu vi ou vivi no imediato. Pois belo mesmo é aquilo que se vê depois de ter visto, quando eu me retiro da realidade e revivo aquilo que ficou dentro de minha alma. Sem a possibilidade de reviver, interpretar, reconhecer e amar o que fora vivido, é empobrecer demais a própria vida. Quantas coisas, quantos fatos continuam falando em nós depois de anos de tê-los vivido. Isso é a alma que permite que aconteça. É que para a alma não tem tempo. Tudo é muito presente, uma vez que a maior parte dela é eterna.

É que a alma mesmo só se conhece com a própria alma. Não é qualquer olhar que vai encontrar a alma. Não é em qualquer momento que se pode acessar a alma. É preciso estar atento a ela, pois ela nunca se distancia de ninguém, mas respeita o que desejamos fazer dela. Ela não costuma dar-se a conhecer pela mente. Ela é mais amiga do coração, se afina mais com a cordialidade do que com a racionalidade. É que a mente pode pensar qualquer coisa dela, mas no coração é ela quem fala sobre si mesma. Por isso, para conhecer a alma é preciso uma sabedoria que não seja comum. É aquela que se encontra normalmente nas crianças, nos humildes, nos mais velhos, naqueles que ainda não se distanciaram da alma que tem ou que, com o passar dos anos, depois de terem conhecido a dor da distância de si mesmos, fizeram todo um caminho de volta para o próprio eu.

## A relação alma-corpo

Uma das grandes questões da alma sempre foi a sua relação com o corpo. Os mais rígidos pensadores e mestres espirituais puseram a alma em contraposição ao corpo, considerando esse último como um empecilho para o desenvolvimento da alma. Em função disso, para esses, o corpo precisa ser continuamente dominado, disciplinado, quando não, sacrificado e flagelado para que se afine à alma e não a impeça de atualizar o seu propósito sagrado.

Esse modo de ver o corpo enquanto obstáculo da alma tem sua raiz filosófica no pensamento grego baseado no mito de Orfeu e nos ensinamentos de Pitágoras, sobre os quais Sócrates e Platão discorreram, inclusive, baseando suas argumentações sobre a imortalidade da alma. Em *Fédon*, a obra em que Platão escreve muito sobre a alma, um diálogo em que as palavras são colocadas na boca de Sócrates, se encontra escrito assim: "o corpo confunde-nos, distrai-nos, perturba-nos de tal maneira, que torna-nos incapazes de distinguir a verdade. Então, é claro que, se quisermos chegar ao puro conhecimento, devemos separar-nos do corpo e contemplar unicamente com a alma as coisas em si mesmas..." Para Platão, a alma "está como que ligada, melhor, inteiramente amarrada ao corpo, obrigada a indagar a realidade através do corpo, como através de um cárcere e não por si mesma..."

A dualidade corpo e alma e o corpo como obstáculo para a alma tem tomado um tamanho enorme no pensamento ocidental quando se fala do ser humano enquanto um ser dotado de interioridade e exterioridade. Ainda temos grande facilidade de olharmos a nós mesmos com uma visão puramente corpórea ou de pensarmos que nossa alma não se alegra e não evolui devido a problemas físicos, sociais ou psíquicos. Isto é, não só criamos uma cisão em nosso ser como também polarizamos um dos lados. Em ambos os casos perdemos a noção de inteireza, uma característica essencial do nosso ser como totalidade, despedaçando assim a noção de unidade que tanto o nosso eu tem necessidade.

A ideia de unidade se torna mais elaborada em Aristóteles (380 a.C.), discípulo de Platão, que também enquanto filósofo grego mantém a noção de corpo e alma; no entanto, vê um e outro em possível harmonia. Para ele "a alma é a substância primária, o corpo é a matéria e o homem ou o ser vivo é o conjunto de ambos". Isto é, se não houver a alma o corpo não se mantém, pois é ela que conserva a unidade do corpo e garante a sua inteireza. Aliás, para Aristóteles, no sentido mais profundo ainda, a alma tem total relação com tudo o que há no ser humano: ela é o fundamento de toda vida biológica enquanto é nascente da vida; ao mesmo tempo, em relação às sensações, ela é a fonte das vibrações emocionais, sensitivas e perceptivas; como também, por excelência, ela é o enraizamento de toda atividade racional e intelectual no que diz respeito ao conhecimento, à vontade e às decisões. Neste aspecto ela é bipartida enquanto uma parte dela exerce a função mais passiva de receber do corpo os dados, as sensações, as emoções, as experiências. A outra parte do *nous* é aquele lado ativo, dinâmico, qual uma luz que se expressa em multicores, "não misturado com o corpo, simples, separado e não passivo, que não tem nada em comum com nenhuma outra realidade... Só ele é imortal e eterno (*De anima*, III, 429B-430a)[6].

A visão de unidade corpo e alma foi também fortemente abraçada por alguns pensadores cristãos. Tertuliano (160-220), um cristão africano, exalta o corpo como lugar da salvação e afirma que se a alma se torna toda de Deus, é a carne que lho torna possível; ela é coberta pela imposição das mãos para que a alma seja iluminada pelo Espírito. Foi Tomás de Aquino (1221-1274), no entanto, o grande defensor da unidade corpo e alma. Segundo ele, da alma e do corpo resulta uma única substância em tudo, embora enquanto imaterial e espiritual só a alma participa de certas operações, como a capacidade de autoconsciência e de autotranscendência, bem como da inteligibilidade da universalidade das coisas. A única substância, portanto, é o homem em si, o qual engendra essa unidade de dois princípios fundamentais, da alma e do corpo[7].

**O que seria realmente a dor da alma?**

Para a alma não há dor maior do que aquela de perder a noção de si mesma. É próprio da alma se manter na consciência de si. Tanto é verdade que muitos chamam de alma aquilo que outros chamam de consciência. No entanto, a alma tem sim relação forte com a consciência. Para Clemente de Alexandria aquilo que os gregos chamavam de consciência (*syneidesis*), ele chama de consciência pessoal, interioridade, essência pessoal, bem como a voz de Deus na alma. Para dizer bem, quanto mais descermos no profundo da nossa alma tanto mais

---

6. RAVASI, G. *Breve história da alma*. Alfragide, Port.: Dom Quixote, 2010, p. 142-143.

7. Ibid., p. 161-170.

vamos encontrar aquilo que foi reservado para nós, já desde o infinito. É lá no fundo de nós mesmos que se instala, no mais absoluto silêncio, o que é essencialmente pessoal, íntimo, verdadeiro e secreto. Nesse sentido a consciência é uma voz secreta que está no fundo da alma, e que, quando ouvida e seguida, com certeza nos acalma.

Mas há dois modos de a alma doer. A alma dói quando ela é ignorada por quem a habita ou quando ela desconhece aquilo que se passa com ela. A primeira dor é própria daqueles que vivem como se não tivessem alma. A segunda dor é sentida pela alma daqueles que estão intimamente unidos a ela. Exatamente por estarem tão íntimos à própria interioridade, não há nada que eles façam que não deva estar também em íntima relação com a grande razão de existir da alma: Deus. Qualquer dor em relação à alma, então, dói muito. Por isso, a chamada "noite escura da alma", vivida pelos místicos, termo usado para expressar a angústia da alma, que por estar tão íntima a Deus sofre também qualquer "demora" de Deus.

### A dor de não reconhecer a própria alma

A primeira grande dor da alma é muito facilmente encontrada na sociedade humana de nossa época. As pessoas vivem voltadas para muitas coisas, fazem infinitas tarefas, mas não têm tempo de permanecer diante delas. Isto é, criam muitas coisas, mas não as contemplam. Não têm tempo de torná-las sagradas. A pressa e a distância do próprio eu as faz criadoras de coisas sem alma, por não tê-las feito a partir da alma. Fazem muitas coisas, boas e nobres, sem dúvida, mas por não estarem atentas ao que a alma deseja, fazem tudo, menos o que a alma realmente precisa. Por isso se cansam. Adoecem. Entram em desespero e se angustiam. A depressão já foi chamada de "dor da alma". Talvez possa ser essa uma boa explicação para a depressão: fiz tudo o que achei necessário para o bem-viver, mas apesar de ter feito tanto, não colhi nada ou bem pouco do que minha alma esperava. Diante da depressão não basta tomar remédios para sair dela, é preciso se perguntar o que é que ela está alertando sobre a vida e o jeito de viver.

Muitos que desconhecem a alma que tem, quando em situação de estresse, de angústia, de ansiedade ou diante de algum fato traumático, têm grandes dificuldades de enfrentar tais situações por não possuírem muitas ferramentas de conferimento de sentido ao que lhes acontece. E quando têm algum episódio de arrebatamento espiritual do tipo Emergência Espiritual (cujo tema trataremos longamente mais adiante), serão os mesmos que em geral terão mais dificuldades de elaborar tal experiência, justamente pela ausência de arquétipos espirituais internos, que numa situação como essas seriam de grande suporte para o retorno à vida cotidiana e de maneira mais enriquecedora e íntegra.

É que a alma não se contenta de coisas feitas. Aliás, ela não precisa de nada. Ela só deseja presença amorosa. Ela ama a atenção atenta, se afina com a respiração, se acalma com o silêncio, se deleita com a bendição e se avoluma quando em contato com o Infinito. Para a alma basta estar com ela, pois é nela que habita a possibilidade de relação infinita com a fonte de sua essência existencial. Ela sabe que, se perder a noção de si mesma, vai morrer de solidão e saudade.

Portanto, há muita dor de alma na humanidade de hoje. Há muita saudade de alguma coisa que não se sabe exatamente o que é. Normalmente essa dor aparece nas horas em que não temos muita coisa para fazer, quando não temos nada programado. É quando damos espaço ao coração. Quando distraidamente permitimos que o coração nos fale. Ela nos vem muito no domingo à tarde, nos feriados, nos períodos em que estamos sozinhos. É interessante que se não estamos atentos, nessas horas corremos para a geladeira, comemos muito e nada nos parece saciar, ou vamos visitar pessoas no desejo de sair dessa solidão, mas voltamos para casa com a mesma cratera interior, ou vamos dormir numa hora que não iríamos nunca, ao acordar nada parece ter mudado, ou desejamos ir para algum lugar, mas não conseguimos saber exatamente aonde. Nada resolve porque a fome não é de comida, nem de afeto, nem é exatamente desejo de dormir ou passear; se fosse, o corpo teria se saciado. É que a fome é da alma. E a alma se alimenta de outras coisas. Ela se alimenta de mim, de meu silêncio, de minha presença, de minha atenção, de meu carinho pelo meu ser, de amor pelo que eu sou.

Quando a alma não encontra alimento para si mesma, naquela pessoa começa a habitar a doença do desânimo. Desanimar significa exatamente ter a alma tolhida. Aos poucos ela não tem mais nada a irradiar senão tristeza, apatia, desencanto, podendo chegar perto da tentação de desistir de viver. Pois a essência da alma, como disse Sócrates, é ser e viver. Esquecer dela é como fazê-la morrer em nós.

A dor da alma da humanidade atual, no entanto, parece experimentar como característica fundamental uma espécie de apatia em relação à vida. Contentar-se com o pouco que o imediato oferece. Isso é próprio de quem se satisfaz com a vida assim como ela se apresenta materialmente. O filósofo alemão Friedrich Wilhelm Schelling escreve assim sobre isso: "as almas daqueles que estão completamente satisfeitos com as coisas temporais tornar-se-ão muito pequenas e serão quase aniquiladas. Porém, aquelas que já nesta vida estão cheias daquilo que perdura, do que é eterno e divino, serão eternas com a maior parte de sua essência"[8]. É que alma tem relação íntima com o amor, como diria Catarina de Sena, grande mística cristã, ela é como uma árvore feita para o amor, que não vive senão de amor; ela somente produzirá frutos de vida se for alimentada de amor divino (em *O livro da divina doutrina*).

## A noite escura da alma

É a segunda grande dor da alma. A dor que dói naqueles que sempre foram muito amigos de sua alma. Dos que têm tanto amor pela sua alma que não conseguem imaginar-se nenhum minuto sem ela e que desejam dar a ela aquilo que ela sempre deseja muito: estar com o Grande Amado. Os místicos sempre estiveram muito perto de sua alma, mas nunca fizeram nada por ela, senão ficar intimamente unidos a Deus, que, segundo eles, é o maior alimento que se pode dar à própria alma, isto é, fazer a vontade de Deus.

No entanto, a alma dos místicos, passando por estágios de purificação em direção à iluminação e à unitividade, também sofre a dor de perder Deus. É uma grande dor. É como se Aquele para o qual a alma vive totalmente e sem o qual não consegue viver nenhum minuto, tivesse ido embora. A alma sente como se ela tivesse sido abandonada por Deus. Como se tudo aquilo que ela tem vivido até ali não estivesse nada de acordo com Ele. São João da Cruz nos tem muito a ensinar sobre a noite escura da alma, ao explicar o seu poema lírico de oito estrofes composto para falar exatamente dessa dor profundamente mística:

---

8. Ibid., p. 30.

Quanto mais as coisas divinas são em si claras e manifestas, tanto mais são para a alma, naturalmente obscuras e escondidas. Assim como a luz, quanto mais clara, tanto mais cega e ofusca a pupila da coruja... Do mesmo modo quando esta divina luz de contemplação investe a alma que ainda não está totalmente iluminada, enche-a de trevas espirituais; porque, não somente a excede, como também paralisa e obscurece a sua ação natural... Quanto, de fato, a pura luz investe a alma, a fim de lhe expulsar a impureza, sente-se tão impura e miserável, que Deus lhe parece estar contra ela, e ela contra Deus[9].

É propriamente uma dor de alma de quem já teve certa iluminação. É como se a luz houvesse ofuscado os olhos de quem a experimentou de forma tão forte e desprevenidamente. Por isso que essa dor da alma é diferente da primeira dor. É uma dor que também leva à morte, não do corpo, mas do ego. O objetivo é a purificação dos sentidos e dos apegos. É dolorosa, mas a alma deseja essa noite, pois ela é condição para alcançar a unidade mais profunda com o Bem-Amado, que é o que a alma mais deseja.

Nesse caminho é que a alma se revela e se fortalece: "a obscura noite de fogo amoroso, como vai purificando a alma nas trevas, assim também nas trevas a vai inflamando"[10]. Os que passam pelo fogo da noite da alma vão ao cerne de seus corações. No entanto, isso não os tira da dor da alma, mas essa dor é encarada como caminho de purificação e como preço para adquirir o valor da própria verdade. A esse ponto do processo, é o eu que se manifesta na medida em que o ego vai se enfraquecendo e mantendo-se no seu verdadeiro lugar.

---

9. SÃO JOÃO DA CRUZ. *Noite escura*. Petrópolis: Vozes, 2009, p. 92-93.

10. Ibid., p. 125.

# PARTE II

## O desvelar-se da alma

*Alma...*
*...quem é que te conhece senão Aquele a quem pertences? A quem te revelas senão Àquele que te deseja? E quem te compreende senão quem a ti não se prende? A quem é que te desvelas senão ao que aprendeu a te contemplar? Porque voas como a águia nas mais altas montanhas, te escondes como o sol na noite sem nenhum luar, para acordares no coração de quem não te esqueceu, nem mesmo nas noites em que parecias não mais voltar.*

# O desenvolvimento humano e o desvelamento da alma

Como já devo ter dito várias vezes, o ser humano vem a este mundo para tornar-se aquilo que já é na sua mais pura essência. Enquanto vai crescendo nas suas dimensões humanas, ele, ao mesmo tempo, vai ter de cumprir o propósito de desvelamento de quem ele é. *Des-velar* significa, justamente, tirar o véu, trazer à luz aquilo que está velado, escondido, desconhecido. Não há humanidade se não houver autoconsciência humana. Tudo o que é humano espera por ser reconhecido, pois o ser humano é por excelência aquele que tem a vocação de se autoconhecer. Crescer é o caminho mais objetivo de conhecer a alma que se tem.

No entanto, isso não é tarefa fácil: leva uma vida inteira. Pois é preciso educar-se para isso. Através de contínuos e descontínuos avanços de si mesmo o indivíduo pode alcançar os mais altos picos e das mais diversas dimensões de seu ser, como também pode prender-se a alguns degraus e ali permanecer longos períodos, ensaiando passos para novos patamares. São verdadeiras lutas humanas até acrescentar algo, ultrapassar limites, deixar para trás esquemas, evoluir, enfim, até as mais extensas e profundas extremidades de seu existir.

Por trás de tudo está uma intenção ou um propósito, razão pela qual ele esteja passando por este mundo justamente num determinado período da história da humanidade, num determinado lugar geográfico, naquela cultura ou família e não noutras.

No complexo de sua existência ele vai precisar buscar respostas para todas essas questões enquanto vai pondo um corpo físico, organizando um aparato mental, internalizando afetos e interpretando a vida. A esse processo na psicologia tem-se chamado de desenvolvimento humano, na filosofia de percurso existencial e na espiritualidade, de vocação ou propósito. Mas todos eles apontam para o desenvolvimento inteiro do humano que habita em cada pessoa e que precisa se atualizar ao longo do passar dos anos da existência.

Nesses escritos quero tratar justamente do desenvolvimento do ser humano e do cuidado como instrumento facilitador desse processo, tão misterioso, tão humano e tão divino, ao mesmo tempo. Em vista disso, tentaremos manter a visão abrangente e complexa de crescimento humano, levando em conta o indivíduo como ser que se organiza nas suas mais vastas dimensões na medida em que forem contemplados pedagogicamente todos esses âmbitos possíveis pertinentes a ele. Teremos presente, mais do que tudo, a ideia de desenvolvimento como processo de desvelamento do mistério da alma humana, inerente a cada indivíduo.

Nesse intuito, pretendo, mesmo que modestamente, compreender e interpretar o desenvolvimento humano como aquele processo de *desdobramento da consciência humana* que revelará a essência mais profunda do indivíduo e que se organizará no corpo físico, na estrutura psicológica e no simbólico espiritual, de maneira integrada e inteira.

Logicamente, não se faz isso passando teoricamente longe de tudo aquilo que se pesquisou e se escreveu até hoje sobre o desenvolvimento humano. Mas gostaria de valorizar de modo particular a visão que entende o desenvolvimento humano como crescimento integral da pessoa, e que inclui o espiritual como parte integrante do ser, que precisa ser desperto, desenvolvido e cuidado, com igual ou maior atenção. Nessa ótica, enquanto para muitos autores crescimento humano é sinônimo de maturidade física, intelectual e psíquica, para outros, e eu me coloco entre esses, o indivíduo nunca chega a seu cume, uma vez que a consciência está sempre em fase de desenvolvimento até o dia em que só sobrará a consciência.

Ken Wilber pode nos ajudar muito nesse caminho[11]. Aliás, vou me servir muito desse autor, embora às vezes ele pareça demasiadamente teórico nos seus escritos. Mas também isso

---

11. Nascido em 1949 em Oklahoma City, Ken Wilber viveu em muitos lugares durante sua vida escolar, pois seu pai era da Força Aérea Americana. Completou o 2º grau em Lincoln, Nebraska, e começou a estudar Medicina na Duke University. Porém, durante o primeiro ano, ele perdeu todo o interesse em seguir a carreira científica e começou a ler sobre psicologia e filosofia, tanto ocidental quanto oriental. Ele retornou a Nebraska para estudar Bioquímica, mas, após alguns anos, abandonou o mundo acadêmico (já formado em Bioquímica) para dedicar todo o seu tempo a estudar e escrever sobre psicologia e filosofia. Principais fases de seu pensamento: **Fase 1 (1977-1979)** "Junguiana romântica". Como muitos filósofos românticos e psicólogos junguianos → crescimento espiritual como um retorno à condição que existia no passado, abandonada durante o processo de crescimento. **Fase 2 (1980-1982)** → foco para a psicologia do desenvolvimento, integrando psicologia oriental e ocidental. → Crescimento espiritual: surge gradualmente a partir do amadurecimento. **Fase 3 (1983-1987)**, revê o modelo de desenvolvimento → ao invés de ser um processo homogêneo, no qual o *self* passa por vários estágios, amadurecimento é agora entendido como um processo complexo, constituído por vários níveis (cognitivo, emocional, social, espiritual etc.). O papel do *self* é manter um equilíbrio entre eles. No período de 1987-1995, por questões pessoais, não publica nada. **Fase 4 (1995-2001)**. Com seu modelo dos quatro quadrantes (intencional, neurológico, cultural e socioeconômico), ele acrescenta a dimensão sociocultural → dá mais atenção à consciência e seu processo. **Fase 5 (2001-presente)** → fase "pós-metafísica". Passa de uma filosofia de cunho metafísico (involução/evolução, níveis de existência) para uma visão evolucionária baseada na noção de Sheldrake de "Presença do passado" em todos os

é preciso, quando se quer estabelecer pontos e limites para compreender os avanços.

Wilber, além de estudar muito a ciência humana, como filósofo se aprofundou também incansavelmente nas correntes da Tradição Antiga, na Sabedoria dos Mestres da Pré-modernidade, e à semelhança do que fez Fritjov Capra, entre outros, criou uma unidade das visões oriental e ocidental e, dali, descreveu uma ideia antropológica e sociológico-cultural de evolução humana. Nessa corrente, a grande síntese de seu pensamento talvez esteja na obra *Psicologia integral*, a qual será também uma de nossas grandes referências[12].

## A visão espiralada

Existem coisas que só se veem a partir de algum lugar não muito comum. Para compreender as questões da alma é preciso mudar de "lugar". Não se pode enxergar o que é sutil com óculos feitos para ver o que é denso. O que está na interioridade só se vê a partir dos olhos de dentro. Como fazer isso? Existe um jeito para tal objetivo? Qual é o método que se pode usar, então?

Objetivamente, a psicologia é o estudo da consciência e do modo como ela se manifesta no comportamento humano. Como diz Wilber, o problema fundamental da psicologia clássica ou da história da psicologia, em suas diversas correntes, foi o reducionismo feito em relação à consciência. Observou-se mais a consciência nas suas manifestações externas e

---

quatro quadrantes. Visão espiralada colhida na Dinâmica da Espiral de Beck e Cowan, com base em Clare Graves. Seu modelo abrange todos os quadrantes, todos os níveis, todas as linhas, todos os estados, todos os tipos.

12. WILBER, K. *Psicologia integral*. São Paulo: Cultrix, 2000.

comportamentais, por vezes reduzindo-a à estrutura do ego ou como modo de intencionalidade pessoal, considerando-a simplesmente como um subproduto da mente.

Os mestres da sabedoria antiga nos mostram que uma visão abrangente de tudo não pode contentar-se somente com os dados da ciência clássica, moderna e pós-moderna. É preciso buscar já bem antes, nas tradições, na Pré-modernidade, a sabedoria engendrada na história evolutiva do ser humano.

Nesse sentido a filosofia perene, que abarca a maioria dessas tradições, nos mostra que a realidade possui várias camadas ou níveis de existência, que vão da matéria para o corpo, do corpo para a mente, da mente para a alma e da alma para o espírito. Os grandes místicos da maioria das filosofias e correntes religiosas também nos fazem ver isso. Isto é, cada dimensão maior transcende e inclui a anterior, de maneira que tudo vai do mais simples ao mais complexo, do mínimo ao máximo, do visível ao invisível, do denso ao sutil, enfim, do grão de areia à Divindade. Por sua vez, para compreender a inteira realidade se fazem necessárias as várias áreas da ciência, entre outras: a física para compreender a matéria, a biologia para a vida, a psicologia para a mente, a teologia para a alma e o misticismo para o espírito.

Ken Wilber chamou essa complexidade de "Grande ninho do ser", e a descreveu em forma de uma série de esferas concêntricas, que vão da mais densa à mais sutil, isto é, da matéria para o espírito, sendo que o espírito é tanto o nível mais elevado como a base não dual de todos os níveis[13].

Embora algumas correntes da tradição dos últimos três mil anos simplificam bastante os níveis do ser – três domínios

---

13. Ibid., p. 20.

principais (corpo, mente e espírito ou grosseiro, sutil e causal), outros com cinco (matéria, corpo, mente, alma e espírito), ou outros ainda com sete (sete chakras da Kundalini) – a maior parte das tradições apresentam um espectro bem mais sofisticado desses níveis, distribuindo-os em doze, trinta e até mais de cem subdivisões do ser e do conhecer.

A exemplo de alguns visionários como o filósofo Plotino e do mestre Aurobindo, que consideraram a existência de dez níveis de consciência como sendo mais prático e útil, Wilber descreve um esquema com cinco níveis básicos: matéria, corpo, mente, alma e espírito, distribuindo entre eles nove representações do eu que transcende e inclui as anteriores até o nível não dual. Mais adiante veremos de maneira mais clara a estrutura da consciência na visão wilberiana, com seus níveis, dentro de cada uma das grandes fases por ele distintas.

Em *Psicologia integral* Wilber reuniu as conclusões de mais de uma centena de diferentes pesquisadores onde a sequência dos estágios de tais teóricos pode ser alinhada ao longo de um espaço de desenvolvimento comum, cuja harmonia entre esses estágios garante a conciliação entre as diversas teorias. Autores como James Mark Baldwin, John Dewey, G.H. Mead, C. Cooley, Anna Freud, Heinz Werner, Edith Jacobson, H.S. Sullivan, Heinz Hartmann, René Spitz, Erich Neumann, Edward F. Edinger, Clare Graves e Erick Erikson, e os mais recentes Jane Loevinger, John Broughton, Otto Kernberg, Jacques Lacan, H. Kohut, Margareth Mahler, James Masterson, Robert Kegan e Susanne Cook-Greuter, entre outros, serviram de base para o pensamento wilberiano que concebe o desenvolvimento como um processo integral de evolução da consciência.

Ao definir a psicologia do desenvolvimento humano como *o estudo do desenvolvimento interior e da consciência*, o autor vê o crescimento humano não como uma escala linear, mas como "um acontecimento fluido e harmonioso, com espirais, redemoinhos, correntes e ondas"[14].

Por sua vez, justificou a ideia espiralada de desenvolvimento humano apoiando-se no trabalho pioneiro de Clare Graves, chamado *Dinâmica em espiral*, cuja teoria tem sido aplicada para mais de 50 mil pessoas no mundo todo, em pesquisas de interessantes resultados, não somente por ele como também por outros pesquisadores como Don Beck e Christopher Cowan, os quais auxiliaram a África do Sul na discussão que culminou com o fim do *apartheid*[15]. Graves escreveu:

> Em poucas palavras, o que estou propondo é a ideia de que a psicologia do ser humano maduro seja compreendida como um processo espiralar evolutivo, emergente e instável, marcado pela subordinação progressiva dos sistemas mais antigos de comportamento, de ordem inferior, aos sistemas mais novos, de ordem superior, à medida que os problemas existenciais do indivíduo vão mudando. Cada estágio, onda ou nível sucessivo de existência é um estado pelo qual os indivíduos passam no seu caminho rumo a outros estados de ser. Quando o ser humano está centralizado num certo estado de existência, ele tem uma psicologia que é própria desse estado. Os sentimentos, as motivações, a ética e os valores, a bioquímica, o grau de ativação neurológica, o sistema de aprendizado, os sistemas de crença, a noção de saúde mental, as ideias do que seja uma doença mental e de como deve ser tratada, as

---

14. WILBER, K. *Uma teoria de tudo*. São Paulo: Cultrix, 2000, p. 17.
15. BECK, D. & COWAN, C. *Dinâmica da espiral*. Lisboa: Instituto Piaget, 1996.

ideias e preferências com relação à administração, à educação, à economia, à teoria e à prática políticas são todos apropriados a esse estado[16].

Quando se fala em níveis se quer dizer que em todo ser há uma ordem de níveis qualitativamente distintos que se encaminha hierarquicamente para patamares holísticos e abrangentes em que cada um dos níveis transcende e inclui os anteriores. Ao mesmo tempo, cada um dos níveis possui uma estrutura, enquanto são padrões holísticos permanentes do ser.

Dito em outras palavras, cada um é um hólon, isto é, um todo que é parte de outros todos. No entanto, esses níveis não são rigorosamente separados e isolados um dos outros, mas se intersectam e se misturam como as cores do arco-íris, dando uma ideia de funcionamento em forma de ondas, perpassando diferentes níveis, em circunstâncias diferentes. Por isso, o conceito de espiral como dinâmica do desenvolvimento parece ser o mais apto para compreender a complexidade do movimento que é o processo de desenvolvimento integral, que, por sua vez, garante a totalidade do Grande Ninho do Ser.

Esses níveis apresentados pelos sábios da tradição não são meras teorias. São realidades vividas e experimentadas de forma direta que vão desde a experiência sensorial, passando pela mental, até à espiritual e mística. Cada um deles possui uma ordem e uma forma de se manifestar, e à base deles está o Espírito, que não é somente a onda mais elevada, mas também a base de todas as ondas, por estar além do Todo e abranger o Todo. Como diz Wilber, "o Grande Ninho é uma

---

16. GRAVES, C. Summary Statement: The Emergent, Cyclical, Doublé-Helix Modelo of the Adult Human Biopsychosocial Sistems. Boston, 20/05/1981. Apud WILBER, K. *Uma teoria de tudo.* Op. cit., p. 17-18.

rede multidimensional de amor... que não deixa rincão algum do cosmos permanecer intocado pelo seu cuidado nem alheio aos mistérios da graça"[17].

Na verdade, o que o autor citado faz é usar a filosofia perene para dar um contorno geral aos grandes níveis, complementando e corrigindo com os estudos e pesquisas científicas da Modernidade e Pós-modernidade, nas psicologias ocidentais do desenvolvimento e da cognição.

O que há de interessante na visão espiralada é que nada se perde. Algo pode estar no topo hoje e amanhã estar no fundo. Hora nas sombras, hora na luz. O que estaria errado agora sob um determinado ponto de vista, sob outro ponto estaria certo mais adiante. Além do mais, não há um estágio de desenvolvimento longe do outro e nem mesmo um que já esteja superado em relação ao outro. Tudo foi preciso do que viera antes para poder estar aqui agora desse jeito.

A visão espiralada, portanto, não descarta nada, aproveita tudo para tecer o todo, numa compreensão maior. Ela é movimento dançante e não linear. A linearidade descarta "o que não está na linha". A "espiralidade" contempla a dança de tudo o que baila no grande círculo, independente do tempo, da quantidade e do tamanho. Fica muito atenta, sim, ao "como" tudo acontece. Na verdade, esse é um jeito, inclusive, de viver. Talvez, até mesmo, um estágio do próprio desenvolvimento, que se revela na consciência de quem ama esse modo de ver que se origina, antes de tudo, de um jeito de estar presente no mundo.

---

17. WILBER, K. *Psicologia integral*. Op. cit., p. 22.

## Potencialidades humanas esquecidas

A partir do método em espiral a tendência é diminuir a fragmentação da visão do humano e do ser que se desenvolve, uma vez que o desenvolvimento humano pode ser tido como sendo o percurso que a consciência humana segue na sua tarefa de dever tornar-se aquilo que já é potencialmente desde o início. Na verdade, os primeiros níveis, matéria, corpo e mente, são os mais familiares para a humanidade e para o mundo científico de hoje: é aquilo que temos de mais palpável e conhecido, por fazerem parte do mundo manifesto. Inclusive, as próprias experiências psíquicas e espirituais – dos níveis psíquico, sutil e causal –, quando contempladas, são vistas pelo ser humano comum, e até pela ciência, e tratadas também como partes dos primeiros níveis. Isto é, embora esses níveis existam, estão ainda muito longe de serem tratados de maneira diferenciada, tanto pela consciência coletiva quanto pela ciência em geral. Essa é, provavelmente, uma das razões pelas quais sempre se tratou do desenvolvimento humano olhando para o corpóreo, emocional, social e cognitivo, deixando de lado as estruturas responsáveis pelas experiências mais sutis, como são aquelas de cunho espiritual e místico.

Por isso, se olharmos bem, esses últimos níveis, embora estejam presentes em cada um dos seres humanos e na humanidade como um todo, ainda são vividos e experimentados unicamente como *potencialidades* pouco despertas e trabalhadas. São aqueles aspectos, valores e riquezas presentes, mas que não tiveram, culturalmente e nem cientificamente, espaço para serem atualizados e existirem na humanidade como realidade concreta do cotidiano, fazendo parte consciente de todo o complexo humano.

A humanidade materialista materializou tudo, permanecendo presa unicamente ao que é corpóreo. E se esquece que o corpo é somente o lugar da experiência, a organização material e concreta dos ditames afetivos e espirituais experimentados, consciente ou inconscientemente, pelo indivíduo ou pela coletividade humana. Ele simboliza aquilo que é vivido. Nesse sentido, todos os níveis têm uma grande e distinta importância na inteireza do indivíduo que se desenvolve. Pois os níveis "mais baixos" são aqueles que organizam materialmente, numa estrutura humana, as experiências sutis, espirituais e místicas vividas pela consciência humana que experimenta. E os níveis "mais altos" são aqueles que ajudam a significar, a conferir sentido, ao que é vivido nas estruturas anteriores.

Clare Graves distingue duas categorias de níveis conscienciais, ao que ele chamou de níveis de consciência de *primeira ordem* e de *segunda ordem*.

Os de primeira ordem são aqueles considerados de sobrevivência, e os de segunda ordem são chamados por ele de *níveis do ser*. O que os primeiros não conseguem fazer por si mesmos é valorizar os outros níveis. Em geral, cada um dos primeiros hólons considera sua perspectiva a melhor e a mais correta. A primeira ordem é aquela da competição, da demarcação dos limites, da construção da segurança, da redução de campo para controlar ou do aumento para dominar, enfim, é a ordem da autoafirmação.

Seguindo o esquema dos níveis de Wilber, ao entrar para as ondulações dos níveis da alma e, principalmente do espírito, ingressa-se para um "ambiente" de consciência de segunda ordem. Graves – embora não tenha considerado a consciência de segunda ordem como a da espiritualidade, mais especificamente –, chama a essa passagem de "salto quântico", no qual "é transposto um abismo de inacreditável profundidade de significado". É quando a consciência apreende todo o espectro do desenvolvimento interior e desse modo pode reconhecer que cada um dos níveis, mais do que níveis separados entre eles e estranhos um ao outro, são interativos e de suma importância para a saúde de toda a espiral[18]. Por estar ciente de todos os estágios anteriores, a consciência de segunda ordem retrocede e abarca a totalidade e valoriza o papel de cada um dos níveis na inteireza da consciência do indivíduo. Por isso, a consciência de segunda ordem é integralista, unificadora, complexa, holística e unitiva.

O período pré-moderno, através das tradições e filosofias, sempre reconheceu os domínios superiores, transpessoais e espirituais. Foi o que a Modernidade não fez, permanecendo extremamente ocupada com fenômenos da consciência de primeira ordem. Cultivou-se uma filosofia, uma ciência e uma atitude cultural fundamentalmente materializada. Defendeu-se ferrenhamente por longos anos que a espiritualidade era uma fuga ou realização de desejos infantis, como afirmou Freud, ou mesmo uma forma sutil de ideologia para oprimir as massas, como defendeu Marx.

Diante disso, muitas das experiências de expressão profunda e espiritual eram vistas pela ciência médica ou psiquiátrica como neurose ou surtos patológicos. Isto é, fez-se longo tempo de história mantendo adormecida grande parte das potencialidades humanas, talvez a mais nobre e fundamental do existir humano, que só se encontra nos picos mais altos do humano da humanidade.

---

18. Ibid., p. 66.

Portanto, pensar o desenvolvimento humano é, sem dúvida, ter de necessariamente resgatar a consciência de segunda ordem para descobrir a humanidade essencial e profunda que se encontra ainda nos porões dela mesma. Há que se ver o ser humano que se desenvolve como alguém que cresce ascendentemente na ampliação de sua consciência rumo à noção de sua inteireza, mas para isso é preciso um jeito de ver e tratar o crescimento humano como desenvolvimento inclusive das potencialidades espirituais mais sutis. Deixar de fora o transcendente é o mesmo que ignorar uma parte do eu humano, talvez a mais essencial. Mas como se pode fazer isso? De que forma é possível olhar o desenvolvimento como uma escalada do mais denso e material para o mais sutil e espiritual? Qual é a importância dos estágios de primeira ordem em relação àqueles de segunda ordem? Que influência e importância têm os primeiros estágios da vida humana para que seja possível alcançar os níveis mais altos do ser, aqueles que mostram a alma e revelam o espírito? O que fazer então para não separar desenvolvimento humano com desenvolvimento da alma e do espírito? Como não cair na mesma armadilha de manter o físico, o psíquico e o social de um lado e o espiritual de outro? O que seriam os bloqueios, as patologias e o declínio dentro de uma ótica como essa que tudo abrange?

Claro que não queremos fazer aqui um tratado de desenvolvimento da consciência e muito menos de todos os degraus da alma em direção ao seu auge espiritual. Claro que não é essa a intenção deste livro. Queremos sim compreender um pouco mais dessa trama inteira do existir possuindo os pés enraizados no chão de um planeta que está amarrado em nosso corpo e com uma alma que faz de intermediação entre o corpóreo e o espiritual aberta para o infinito e para o além de toda materialidade.

É tempo de despertar. É hora de ver o que não se vê. É mais do que necessário aprender a duvidar do que se vê para poder interpretar, a fim de que se possa enxergar o que está mais para lá do que se vê. Não há mais tempo para se esperar. Há um grande grito por significados. Uma sede de sentido. Um grande desejo de alma, pois doente está aquele que ainda confunde este mundo como a realidade única, mas também aquele que negou este mundo pensando ser única aquela do infinito.

Na medida em que vamos avançando, sem muita ordem sistemática, vamos também juntando as pedrinhas de uma grande paisagem que no fim vai se mostrar mais inteira e, quem sabe, nos deixando também um pouco mais inteiros.

# PARTE III

## A humanização da alma

*Alma...*
*...não há quem não te tenha. E quem te*
*possui bem sabe que não te aprisionas.*
*Mas na carne e no afeto de cada humano*
*fazes morada por muitos anos. Quem sabe,*
*talvez, para que não se engane, vivendo*
*no corpo sua única vida, ou para curar as*
*feridas da mente partida, capaz de criar*
*outra que a ti se assemelhe, para duvidar*
*que alguém se espelhe em tão sublime*
*realidade, que em carne humana,*
*parece não ser de verdade.*

# PARTE III

A humanização da alma

# Diferentes dimensões do ser

■ ■ ■ ■

Para entender quem nós somos realmente é preciso, antes de tudo, perceber que o todo se faz de partes e que o cume se alcança através de escadas, que ao inteiro se chega depois de percorrer os caminhos que conduzem ao auge.

Portanto, é através dos grandes níveis do ser, que perpassa um bom número de linhas de desenvolvimento. Em outras palavras, o desenvolvimento se dá em grandes níveis e em cada um dos grandes níveis há uma série de linhas que por ali passam, cada uma fazendo parte e cumprindo a sua parte no conjunto. É aquilo através do qual se expressa mais objetivamente o processo evolutivo em cada existência. Essas linhas estão presentes em todos os níveis com as características e as dimensões de cada um deles.

Além do mais, umas podem estar mais desenvolvidas do que outras ao longo de toda a estrutura do ser. Para Wilber, essas diferentes linhas do desenvolvimento "incluem a moral, os afetos, a autoidentidade, a psicossexualidade, a cognição, as ideias a respeito do bem, a adoção de papéis, a capacidade socioemocional, a criatividade, o altruísmo, as várias linhas que podem ser chamadas de 'espirituais' como a solicitude, a sinceridade, a preocupação, a fé religiosa, os estágios meditativos..."[19], entre outras que certamente se poderia citar.

As pesquisas mostram que cada linha de desenvolvimento tende a se desdobrar de modo sequencial e holárquico, não podendo ser alterada nem pelo ambiente nem por reforço social. Além do mais, as pesquisas ainda nos dizem que cada uma das linhas passa de estágios bem concretos a estágios mais sutis: de um estágio físico-sensório-motor pré-convencional a um estágio de ações concretas/regras convencionais, e a um estágio mais abstrato, formal, pós-convencional. Isto é, quase tudo das linhas do desenvolvimento passaria por estes três grandes estágios. E se há um estágio de desenvolvimento transpessoal, como estamos argumentando, haveria linhas pós-pós-convencionais, segundo Wilber[20]. No esquema abaixo se entende melhor isso que estamos querendo dizer:

**Figura 1 Diferentes dimensões do ser**

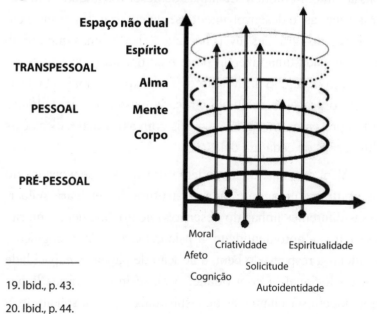

---
19. Ibid., p. 43.
20. Ibid., p. 44.

Na relação dos níveis e as linhas (fig. 1), vê-se que em cada um dos níveis, os quais transcendem e incluem os anteriores, perpassam as várias linhas do desenvolvimento, que por sua vez também têm determinadas formas de estrutura, de conteúdo, de expressão ou de qualidade, em cada nível pelos quais essas passam.

Nessa ótica, as próprias linhas fazem um processo de transcendência e inclusão. Mas em cada estágio do desenvolvimento há uma unidade própria que o distingue e o caracteriza como tal em relação com as várias linhas que perpassam por ele. Nesse sentido, no desenvolvimento do ser humano como processo de ampliação e estruturação do eu há um movimento hierárquico enquanto um nível transcende e inclui o anterior, e outro heterárquico ou não hierárquico, onde os padrões interagem e interdependem mutuamente em cada nível com suas linhas.

Para isso Wilber cunhou o termo holarquia, no intuito de abranger o equilíbrio que deve haver entre a hierarquia dos níveis qualitativamente ordenados e a heterarquia da interdependência das dimensões.

Antes de seguir adiante, quero convidar o leitor a contemplar bem esse esquema da figura 1. Existe a grande estrutura das fases do pré-pessoal, do pessoal e do transpessoal, na qual estão os grandes níveis do ser: o corpo, a mente, a alma, o espírito e o não dual (ou Deus).

O processo se dá de modo ascendente, do mais denso ao mais sutil, do sensorial ao vazio, do visível ao invisível, do humano ao divino. Por esses níveis e do mais denso ao mais sutil, passam todas as nossas dimensões, como: a cognição, os afetos, a moral, a criatividade, a arte, a solicitude, a capacidade de cuidado, a sexualidade, o masculino e o feminino, a espiritualidade... São todas dimensões de nosso ser, linhas que perpassam e preenchem as grandes estruturas de nosso desenvolvimento. Através delas temos inclusive a possibilidade de fazer um mapeamento de nosso processo humano de crescimento.

Seria muito interessante você perceber quais delas são mais desenvolvidas em você e quais ainda estão adormecidas. Quais são as que precisam ser despertas mais urgentemente. Inclusive compreender por que elas ficaram tão adormecidas até agora. Um belo jeito de acordar a alma é observar quais são nossas principais qualidades. Qualidade a gente não aprende na faculdade, carregamos na alma desde o começo. Na faculdade eu tenho a chance de aprimorá-la. Quando eu descubro minha maior qualidade serei capaz inclusive de descobrir qual é possivelmente o meu papel no mundo nessa época e no contexto em que eu me encontro.

**Um princípio integrador**

Mas o que é que integra todos esses níveis? Onde é que tudo se torna inteiro? Quem é que experimenta o processo? O que é que mantém a integralidade de tudo enquanto o sujeito se desenvolve? Na imagem teórica dos níveis e correntes, o que tem a tarefa de funcionar como navegador e como auto-organizador de tudo, inclusive de si, é o *eu* ou o *self*. Aquela inteireza do ser que funciona como uma espécie de central que em parte é consciente e em parte não, mas que forma o todo de mim mesmo. É ele o princípio integrador de tudo.

Assim como o *eu* percorre os diferentes níveis e correntes do ser, é através dos mesmos que ele se auto-organiza. Ele é, ao mesmo tempo, *eu transcendente*, enquanto faz o processo, e *eu transcendido*, enquanto modo como ele se organizou e saiu do nível anterior.

Wilber chama o primeiro de *eu proximal*, por estar perto de mim, e o segundo de *eu distal*, aquilo de mim que pode ser olhado de longe, por ser já objetivado, conceituado. Juntos formam o *eu total*[21].

É justamente isso que parece no trazer mais às claras uma ideia de desenvolvimento humano enquanto processo de ampliação da consciência de si. Na realidade, o indivíduo ao nascer já é tudo o que ele pode ser; no entanto, ele precisa tornar-se o que já é, aos olhos de si mesmo, para compreender quem, de fato, ele é. Quem aprofunda bem essa ideia de desenvolvimento é o filósofo, teólogo e psicólogo italiano Franco Imoda[22]. É olhar para o desenvolvimento como uma espécie de "passar-se a limpo consciente".

Como isso acontece? Na medida em que o eu vai passando de um estágio a outro de desenvolvimento, ao mesmo tempo vai cumprindo um processo de autoidentidade. Há um eu que observa e outro que é observado, no mesmo instante. O que é observado é o que se constrói ou que já fora construído e o que observa é o que vai cumprindo o processo de constante descoberta, de desdobramento interior e de autorrevelação, e que, num segundo momento, se integrará ao eu observado, justamente por ter sido acessado pela consciência.

Interessante nisso é o fato de o eu observador ser, em grande parte, aquele que já foi construído. Isto é, ao observar, o eu vai precisar do eu observado, pois esse é o "lugar" objeti-

---

21. Ibid., p. 48.
22. IMODA, F. *Psicologia e mistério*. São Paulo: Paulinas, 1996.

vo sobre o qual ele se firma para poder ter um "ponto de vista" de onde olhar. Mas esse "lugar" também não é tão firme, pois na medida em que ele observa e descobre algo novo, ele já está mudando o *eu observado*. Nesse sentido, o eu proximal e o eu distal não são separados no processo de desenvolvimento. Como partes do eu total, estes estão inseridos num único, constante e inteiro movimento de participação e interação, gerador de outros níveis de consciência.

O eu proximal ou transcendente, no entanto, é o responsável maior pela ampliação do próprio eu. Como navegador das ondas ele passa por cada uma delas ampliando e incluindo as anteriores, indo da mais estreita e corpórea à mais sutil e espiritual. Ele é identificador e identificado, ao mesmo tempo.

No nível corpóreo ele se identifica com o corpo, mas como tarefa identificante que ele exerce não se contenta com esse nível, instiga e é instigado a buscar aquele da mente, da alma e do espírito. E dali pode voltar para reler os anteriores. Por isso, ele é aquele que cria, cuida, defende, e integra tudo num todo, que é ele mesmo. Isso é o que sustenta o caráter integrador e holístico do eu.

Em *O Projeto Atman*, Ken Wilber mostra bem claramente como é entendido por ele esse processo do desenvolvimento humano enquanto desenvolvimento da consciência[23]. Para ele o desenvolvimento humano é algo muito sistemático: para cada estágio há uma estrutura de ordem superior, mais complexa e abrangente, que se apresenta após ter se diferenciado do estágio anterior, de ordem mais estreita e limitada. Esse movimento ascendente de profundidade e complexidade é au-

---

23. WILBER, K. *O Projeto Atman*. São Paulo: Cultrix, 1996, p.101-103.

xiliado por vários tipos de estruturas simbólicas que, por sua vez, irão transformar os modos particulares de consciência que virão nos estágios superiores posteriores.

Assim, o eu estará numa estrutura de consciência superior a partir do momento em que ele passar a se identificar com a estrutura que emergiu, recentemente introduzida na consciência. Por exemplo, quando o eu passa da estrutura simbiótica com o mundo para uma noção de corpo físico individual, começa a se identificar não mais com o mundo indiferenciado e sim com um eu-corpo. Desidentifica-se com o anterior para identificar-se com o que segue. E assim o fará em todas as fases subsequentes. Por exemplo, no surgimento da linguagem passará do eu-corpo para o ego sintático, ligando-se assim não mais simplesmente ao eu-corpo, mas agora ao eu mental.

No entanto, isso não significa que ele esteja abandonando a estrutura anterior ou as diversas estruturas que vieram antes da que ele agora se encontra. Ele só deixa de identificar-se com elas. Mas, da estrutura de onde ele está e com a qual se identifica, pode voltar a todas aquelas anteriores e atuar sobre elas com as "ferramentas" dessa última. Uma vez identificado com estruturas de ordem transpessoal poderá voltar às pré--pessoais ou pessoais com outra forma de compreensão delas, lógico, mais complexa.

Isso é mais fácil de entender no seguinte exemplo que vou dar. Eu percebo bem isso no meu trabalho de ajudar as pessoas. Quando alguém perde uma pessoa querida sofre muito emocionalmente, lógico. Os primeiros dias que se seguem para essa pessoa são como noites escuras. Quem é que mais facilmente vai se curar dessa noite? Aquela que tem um cultivo maior de sua alma através do silêncio, da meditação, da prece confiante. Isto é, a que já, de certa forma, consegue olhar os níveis mais baixos do ser a partir de uma ótica mais transpessoal. Mas se ela nunca foi ao topo mais alto, a visão vai ser ainda muito pequena. Ela não vai ter respostas muito profundas para a sua dor. Ela só vai ver do monte onde ela se encontra. Dependendo do lugar de onde ela olhar para essa dor é que terá diferentes respostas para si. Quanto mais elevado for o nível de sua consciência tanto maior será o horizonte de compreensão de sua dor e, provavelmente, mais serena vai ficar sua alma.

Wilber resume assim esse processo de evolução da consciência: inicialmente, auxiliada por diversas formas simbólicas, emerge uma estrutura de ordem superior na consciência. E o eu se identifica com aquela estrutura. Lá pelas tantas, surge a estrutura seguinte de ordem superior. O eu se desidentifica com a fase anterior inferior e transfere sua identidade fundamental para a estrutura superior.

A consciência, portanto, transcende a estrutura anterior inferior e passa a atuar sobre ela a partir do nível de ordem superior com o qual acabou de se identificar. Assim, todos os níveis anteriores podem ser integrados na consciência, até fazerem parte da Consciência Única, da Grande Unidade.

Nessa complexidade se integram o todo e as partes. Cada nível que veio antes será uma parte da totalidade da última estrutura. Cada um desses níveis engendra um tipo de transcendência, e, ao mesmo tempo, é componente da Última Grande Transcendência, a Totalidade, que não será nunca transcendida por ela existir em plenitude desde o começo.

Precisamos ser muito gratos pelo eu que temos. Conversar muito com ele. Permitir e instigar para que ele se arvore mais e mais na busca daquilo que ainda está desconhecido ou adormecido em nossa consciência. Nosso eu pode ser, numa visão mais abrangente, a nossa própria alma. Por isso ele é sagrado. Por outro lado, ele precisa ter a confiança e o aval de nossa vontade. Ele precisa sentir o desejo que temos de que ele se manifeste. Nosso eu precisa ser protegido e libertado do seu grande inimigo. O inimigo do eu é o ego, isto é, aquela parte de mim que eu penso que sou e que eu posso estar defendendo a unhas e dentes com medo que se manifeste aquilo que realmente sou.

A melhor forma de contribuir e ajudar o nosso eu é duvidar de nosso ego. Um passo mais corajoso seria desmascará-lo. Fazê-lo ver o que ele não é. Na medida em que o nosso ego enxergar o que ele não é, então aparecerá aquilo que realmente somos. É aí que começa a aparecer nosso eu. Quando permitimos ao nosso eu aparecer por de trás dos destroços de nosso ego, então sim, nossa alma começará a se acalmar. É quando começa a ser vista a nossa mais pura verdade.

Quando não deixamos nosso eu cumprir seu papel e outorgamos ao nosso ego papéis que não lhe pertencem, então é que provavelmente começamos a adoecer. O que seriam possivelmente as doenças que se instalam no nosso ser ao longo do percurso do desenvolvimento do nosso eu? Não se formaram a partir do momento em que não tivemos a necessária segurança de permitir que o nosso eu tomasse as rédeas do caminho, e com medo temos dado ao ego essa tarefa de nos governar? Criamos uma cápsula que aparentemente nos protegeria, e, de fato, de certo modo fomos protegidos naquele momento. A doença estaria no fato de nos identificar com a cápsula esquecendo que nós somos o eu, aquele que foi encapsulado. É o que fazemos quando colocamos uma roupa bonita e elegante, ficamos presos à roupa e esquecemos que ela é bela porque por de trás dela estamos nós que a vestimos.

# PARTE IV

## A escalada da montanha

*Alma...*
*...Tu vens tão grande num pequeno infante,*
*que ainda carrega as memórias do infinito,*
*para que tenha a coragem de fazer seu*
*caminho e amenizar a dor dos espinhos de*
*cada passo que vai ter de ser dado, para que*
*não seja fadado ao desconforto de ver-se*
*perdido entre os humanos sem ter cumprido,*
*passo por passo de seu destino de alcançar*
*os mais altos picos da natureza de seu*
*ser divino.*

# PARTE IV

A escalada da montanha

# Estágios de organização e desvelamento da complexidade humana

Em síntese, temos dito que o ser humano, no seu desenvolvimento, passa por estruturas básicas, que tendem a permanecer existindo durante o desenvolvimento subsequente, auxiliado por estruturas de transição, de fases específicas e temporárias, que tendem a ser substituídas por fases subsequentes no desenvolvimento. Disso não se pode fugir. Por sua vez, monitorando estas estruturas está o *eu* ou sistema do *self*, que é o ponto de identificação, volição, defesa, organização e metabolismo, "digestão" da experiência em cada nível do crescimento e desenvolvimento estrutural[24]. Na sua hora, as estruturas básicas estão distribuídas, de modo ascendente, em três grandes fases: pré-pessoal, pessoal e transpessoal.

Essas fases e estruturas se organizam e se expressam em níveis qualitativamente diferentes, que vão do campo mais

---

24. WILBER, K. *Transformações da consciência*. São Paulo: Cultrix, 1986, p. 15-16.

grosseiro ao mais sutil, da matéria ao espírito. Sendo que na ponta de baixo em movimento ascendente estão a matéria e o corpo, que mediam praticamente todas as experiências que se dão no campo pré-pessoal. Em seguida, a mente propicia lugar e compreensão para as experiências de cunho mais sutil das estruturas dos campos mais leves da fase pré--pessoal e, principalmente, das que emanam da estrutura pessoal. Por fim, a alma e o espírito, por sua vez, são os campos onde se expressam as experiências que vão dos níveis mais altos da consciência pessoal até as mais refinadas expressões do ser que emanam das estruturas mais altas que compõem a fase do transpessoal.

Claro que tudo isso não se dá de forma mecânica. Pelo contrário, tudo acontece de um jeito muito flexível e dançante, uma vez que o sutil precisa do denso, e esse último, do primeiro, numa espécie de troca contínua de estrutura e não estrutura, de leveza e de firmeza, ao mesmo tempo.

É nessa dança que podemos compreender o desenvolvimento humano como caminho da alma inteira. Se prestarmos bastante atenção aos estágios do desenvolvimento do eu, dentro de cada estrutura com seus níveis e grandes fases poderemos também empreender um caminho de autodescoberta individual. Em cada um dos níveis e estágios do eu está tanto a luz quanto a sombra, possivelmente. Tanto a saúde quanto a doença. Tanto a rigidez quanto a flexibilidade. Tanto o medo quanto a coragem. Enfim, em cada estágio vivido há também um caminho percorrido que, quando bem-visto, pode servir de mapeamento de nosso eu atual. Façamos esse estudo olhando para nós mesmos antes de pensar em qualquer outro.

Sei também que pode ser meio chato ter que olhar para o caminho da alma seguindo passos tão teoricamente estruturados. Mas todo processo precisa de passos e todo passo tem um antes e um depois. Há que se abraçar e deixar para trás. Quem sabe seja também esse um exercício ou um processo que gere crescimento em nós agora.

Vamos partir de um esquema que eu elaborei a partir da divisão teórica feita por Wilber em *Transformações da consciência*, em *Psicologia integral* e em *Uma teoria de tudo*. Como já dissemos, o pensamento wilberiano sobre a consciência e seu desenvolvimento foi também evoluindo na medida em que ele foi intuindo diferentes e novos modos de abrangência de sua visão teórica. Ele inicialmente estabeleceu as três grandes fases, seus níveis e a estrutura sobre a qual se desenham as várias e diferentes etapas ou estágios do eu para, em seguida, desenvolver toda uma filosofia da consciência que se organiza no corpo, mas que passa pelo emocional, pelo mental, pela alma e pelo espírito. Ascendentemente, enquanto esse caminho é feito da matéria para o espírito, mas descendentemente enquanto é do Espírito que se forma o ser que através do espírito vem a se organizar num corpo. Para percorrer um caminho de ordem par essa estrutura Wilber toma como referência fundamental as fases da consciência de Aurobindo, da Psicologia do Yogue, da Mahayana e da Cabala que, segundo ele, dão uma visão universal envolvendo o pensamento tanto do Oriente quanto do Ocidente em relação ao desenvolvimento humano como desvelar-se da consciência.

Figura 2 O complexo da consciência

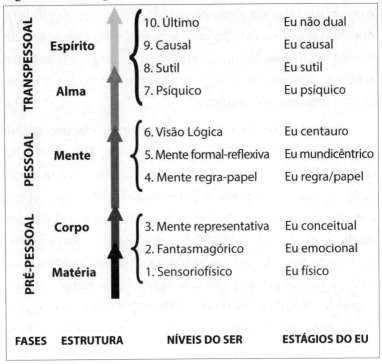

## I – Fase pré-pessoal

A *pré-pessoal* é a fase em que, como criança, o indivíduo aprende a estruturar seu mundo físico. São os primeiros anos de vida, tempo em que se estabelecem as bases fisiológicas, onde se organiza um mundo afetivo e emocional, experimentando as realidades de modo mais sensorial. É um período bastante egocêntrico em que a criança permanece muito voltada para dentro de si. É a época da vida em que o indivíduo parece estar aprendendo a lidar com o mundo das realidades materiais, gravitacionais e temporais. Para a consciência que se desprendeu do infinito onde tudo era muito sutil essa se torna uma tarefa muito árdua e desafiadora. Isso leva pelo menos de sete a dez anos. Este é um período de construção das ferramentas de relacionamento com o mundo e suas realidades e com as pessoas.

Esse tempo é justamente um tempo muito egocêntrico porque a única realidade que a criança "conhece" é ainda ela mesma, a sua essência, todo o resto, inclusive o próprio corpo físico, ela vai precisar conhecer se relacionando, primeiro sensorialmente, depois emocional e mentalmente.

A essa fase Wilber agrupou três subfases, mais precisamente, a *sensorial*, a *fantasmagórica* e a *representacional*, que são formas expressivas do eu, localizadas também num campo bem denso o qual, por sua vez, engloba os níveis da *matéria*, do *corpo*, dando passagem ao nível *mental*, pelo qual se abrirá a fase seguinte, aquela mais *pessoal*.

## 1 O *eu* físico

A primeira estrutura básica desta fase é a *sensoriofísica*. Em geral dá-se entre 1 até os 2 anos. É o reino da matéria, da sensação e da percepção: manusear, pegar, puxar, caminhar... são atividades desta fase e que envolve também aprendizagem e cognição. Abrange o nível sensoriomotor de Piaget. É o período em que o eu se encontra em fusão com a matéria. Aquela fusão bem primária, fisiocêntrica e narcisista.

Claro, tudo é um processo. Na linguagem de Mahler, esse caminho tem seu começo com aquele período autista (primeiro mês), passando, pouco a pouco, para o simbiótico (até o sexto mês), em que a tensão principal que se estabelece é aquela da fusão do eu e do não eu na relação com a mãe, caminhando progressivamente para o processo de diferenciação das sensações físicas do mundo que a rodeia com o que ela sente no seu físico, até aproximadamente em torno dos nove meses.

Nessa primeira fase se forma já uma noção de mundo presente na criança. Ela foi chamada de sensoriomotora pelos desenvolvimentistas humanos. Mas é preciso compreender essa fase como sendo ainda a fase da pura interioridade, onde ainda tudo é "imenso" na vida da criança. Ela tem a sensação (ou não) de um grande mistério envolvente e inebriante do qual ela faz parte, sem saber onde começa e termina, sem ter a percepção de domínio algum ou a possibilidade de qualquer controle. Esta fase, por excelência, é a fase da grande inundação do ser no Ser, da parte no Todo, da simplicidade na Complexidade, do mínimo no Máximo.

Onde estaria a crise disso? No ter de se individuar. Há uma necessidade e um desconforto. A necessidade de individuação e o desconforto da fragmentação do Todo. O processo de identificação exige uma redução, um afunilamento, um foco, um delineamento ou o estabelecimento de fronteiras. Isso gera, já bem cedo, uma ânsia e um medo, mesmo que ainda muito inconscientes. A ânsia de ter de individuar-se e o medo de perder-se do Todo. E, de fato, alguns indivíduos vão "decidir" não sair daí. O que é o autismo infantil, senão a permanência na totalidade, nessa sensação agradável de oceanidade? De certo modo, é a resistência a qualquer fronteira que se estabeleça entre o interior e o exterior. É a recusa de qualquer diálogo entre esses dois polos imaginários do ser: o dentro e o fora. Por quê? Pois somente quando se delineiam dois mundos separados é que pode acontecer a possibilidade da ambiguidade, do engano, da não coerência da inteireza. Então surge o medo da perdição, do desamparo e do abandono.

No entanto, é esse "desconforto" que leva a grande maioria dos pequeninos seres humanos a um novo estágio de crescimento. Outro mundo. Justamente aquele das emoções. Agora a criança não é mais "tão Todo". Ela começa a ter a noção de ser parte do Todo. Então ela vai precisar entrar na sintonia dessa individuação.

## A patologia do eu físico

Se houver um insucesso do eu na diferenciação haverá a psicose, caracteristicamente marcada nessa fase na incapacidade de *dualidade* que se expressará no fracasso em estabelecer os limites físicos do eu. Começa a desenvolver-se uma distorção séria da realidade manifesta através de alucinações no pensamento e nas imagens, delírios de grandeza narcisista, confusão entre o pensamento do eu e do outro. No mais profundo, é uma resistência a se diminuir, por isso os delírios de grandeza, de imensidão e de totalidade.

Esse é o estágio em que normalmente se fixam as raízes da psicose autista, da simbiose infantil, boa parte das esquizofrenias adultas e das psicoses depressivas.

Nesse período pode acontecer a influência de consciências mais sutis, pertencentes ao mundo transpessoal, como diz Wilber. É nesse sentido que se tornam mais delicadas a percepção e a distinção de uma doença mental e de uma experiência transpessoal na vida adulta do indivíduo, pois a sensação de oceanidade está enraizada desde o começo da vida. É que na origem era assim. Deus é assim.

## Como tratar a patologia do eu físico

As alternativas de tratamento das psicoses ou dos processos psicóticos ainda são muito limitadas. Como a patologia arraigada a essa fase é muito primária, não há como tratar psicoterapeuticamente o eu físico senão através da estimulação fisiológica e farmacológica. Isto é, não havendo uma estrutura do eu minimamente organizada não há como re-integrar o indivíduo a partir de seu potencial psicofísico interno. Inicialmente, portanto, a ajuda deve vir do externo. Em alguns casos, mas muito raros, é possível complementar a ajuda com a psicoterapia. Por mais estranho que isso possa parecer, olhando bem, não existe ainda propriamente um tratamento objetivo para a cura da esquizofrenia. O mesmo para o autismo. Há sim um controle dos processos. Na verdade, o indivíduo fixado nessa fase ainda não tem o mínimo de estrutura para lidar com aqueles aspectos de si que precisariam de reestruturação.

Antes de fechar esse espaço reservado ao eu físico queria ajudar o leitor que talvez se encontre facilmente diante de situações pessoais de muita luta com a doença da mente como a depressão profunda, a própria esquizofrenia ou a bipolaridade, ou mesmo tendo algum parente ou filho com a síndrome autista. Tenha muito carinho para com seu coração. Não tenha medo e não resista à necessidade de um tratamento biofarmacológico se for necessário. Pois quando nosso ser não tem condições individuais próprias de dar os passos da vida, vai precisar de algum suporte, que muitas vezes é o remédio, outras vezes é a ajuda de pessoas, outras ainda é de um tempo de hospital, outras vezes ainda é um período de silêncio e de trevas muito profundas. Assim mesmo, nunca desista do espaço de vida, mesmo que pequeno, através do qual você poderá enxergar um caminho que passe bem longe da doença que você possa estar passando. Só quem passar pelo túnel da noite vai poder ver o sol da manhã que está logo à frente.

## 2  O *eu* emocional

Quando o processo de diferenciação física tiver bom êxito se estabelece o começo da estrutura *fantasmagórico-emocional*. É o nível do emocional-sexual, da libido, do *élan* vital, da bioenergia, da formação das primeiras imagens, das primeiras formas mentais e da fantasia. É muito fantástico, por isso que Arieti (1967) chamou esse período de fantasmagórico. Esse estágio se dá num arco que vai entre 1 até os 4 anos, mais ou menos. Nessa fase tudo é muito carregado de emoção. Fase em que começa a se estabelecer os princípios internos de uma imaginação sadia e de um ideal considerado realístico para a vida adulta. É óbvio que tudo depende do teor das experiências que são vividas nesta fase.

Embora a criança tenha estabelecido os limites do eu físico, ainda ela não fez essa diferenciação no emocional, entre o seu mundo interno e o ambiente. É também uma fase narcisista, pois a criança trata o mundo como extensão emocional dela mesma.

Este também é um estágio muito significativo para a vida da criança, pois aqui se estabelecem estruturas importantíssimas para as fases seguintes do desenvolvimento, momento em que imagens e símbolos começam a ter lugar no mundo infantil, embora ainda não haja diferenciação entre o que ela imagina e o que é real.

Ela ainda não tem noção do tamanho e das bordas de seus sentimentos. Há ainda um grande envolvimento entre o que ela sente com o que a mãe sente. Não há quase distinção entre as suas emoções e aquelas da mãe.

É a fase clássica da onipotência ou do assim chamado narcisismo primário, tempo em que o mundo é visto de forma muito mágica. Ela é capaz de organizar o mundo em torno de toda uma fantasia onipotente. Ela confere alma a tudo o que existe ao seu redor. Tudo é muito animado para ela.

Com o passar do tempo, progressivamente, ela vai criando um processo de individuação emocional na medida em que, pelas experiências, vai aprendendo a separar e a diferenciar suas emoções internas com o que é do mundo externo. É o processo que Mahler chamou de separação-individuação.

Os autores clássicos do desenvolvimento humano consideram essa fase o período do nascimento psicológico da criança. É quando começa a aparecer o eu emocional propriamente dito. É quando ela percebe que a mãe não está sempre ali com ela do jeito que ela quer e em todos os momentos que ela deseja. São as primeiras grandes frustrações da vida aparecendo. Momento em que surge o medo do abandono, a ânsia da separação e, inclusive, a depressão sofrida pela perda do ninho afetivo.

No entanto, é nesse constante ensaio de um vaivém emocional que aos poucos vai gerando nela a noção de separação entre o eu e o objeto. Passo por passo vão se construindo as fronteiras emocionais entre aquilo que pertence ao eu interno e ao que é pertinente ao mundo dos objetos externos. Ela vai fazendo as primeiras experiências do que significa ter emoções próprias, embora ela não tenha ainda quase nenhuma consciência dessa noção. É quando, aos poucos, vai se consolidando um eu emocional próprio e, por outro lado, o objeto vai assumindo uma constância emocional para ela.

A grande tônica desse período é justamente a consolidação da separação e da individuação. A separação entre o eu e as representações do objeto. Surge a noção de que ela e o mundo são dois e não mais um. É uma fase muito delicada e crítica também, como na fase anterior. Aliás, como já dissemos, não há mudança sem que haja uma crise que a provoque. Por isso, também aqui existem "resistências" e a tendência em permanecer no caminho.

Uns preferem manter a onipotência, a ideia de grandiosidade, a noção de "tudo posso", para não ter de experimentar a sensação de fragmentação entre o eu e o objeto, entre o mundo emocional interno e as representatividades do objeto. O que seria o narcisismo senão a resistência em abandonar o mundo onipotente, grandioso e fascinante ou, então, o fugir do medo de perder-se na pequenez, no que é frágil e passível de ambiguidades? É a resistência em admitir fronteiras e preferir, então, que os outros não sejam pessoas e que o mundo não seja um outro, e sim que tudo continue sendo parte de si mesmo, de uma única grandeza, sem ter de padecer a dor de separar-se e nem correr o risco de perder-se.

Há também os que começaram o processo e se perderam ao longo do caminho. A fragilidade do eu os fez temer o abandono no próprio eu ou a diluição no mundo do objeto ou do outro. E não prosseguiram mais no processo. É a experiência de uma grande confusão. De não estar mais no reino onipotente e muito menos no próprio eu individualizado. É como ter a sensação de ter saído de casa para morar em outra moradia mais promissora e serena e ter-se perdido ao longo da via, sem poder encontrar sua nova casa e muito menos voltar para a de antes. Pessoas que cresceram com essas marcas já foram chamadas de personalidades *borderline*. Pessoas assim ficam muito perto da linha da borda. Na fronteira entre o que elas são e o que o resto é. Por isso, não conseguem manter um afeto constante. Dificilmente são capazes de ver no mesmo objeto as luzes e as sombras juntas. Qualquer coisa ou situação é tudo bom ou tudo ruim. Ou é céu ou é inferno.

Eu arriscaria dizer que essas pessoas são as que realmente fazem a experiência do abandono, da perdição, do vazio e da confusão. Metaforicamente falando, "foram arrancadas de casa" para ficarem sem casa. Saíram do paraíso e perderam-se no inferno do nada. Pois não há nada que as vincule à originalidade inicial por não estarem mais lá de onde vieram, e nada que lhes garanta que não se perderão, por desconhecerem a direção para onde deveriam ir. Por isso se apegam a tudo o que aparentemente é promissor de salvação, mas logo em seguida abandonam, assim que experimentam que nada daquilo os tiraria do vazio do próprio eu. Essa é a razão de tão grande confusão existencial. É a dor do desenraizamento. Já que não têm casa, se apegam a qualquer casa, mas logo a abandonam, por não ser essa a própria casa.

Falando assim, quero dizer que tanto o narcisista quanto o *borderline* nos inquietam. Ambos parecem mostrar que há alguma coisa estranha no processo de ter que se desenvolver. Desenvolvimento para quê? Em vista de quê? Qual a importância disso? Os que com coragem prosseguiram o caminho e tiveram "sucesso" no processo de viagem para outros estágios da existência alcançaram o quê? Ficaram mais contentes? E se não, para onde deveriam ter ido? Quanto é real o mundo que eles estão construindo nessa viagem em vista da construção do próprio eu? São perguntas! São somente perguntas!

Essa fase do desenvolvimento é também muito significativa quando nos damos conta de que é justamente nesse período em que começa a desenvolver-se uma das grandes potencialidades humanas: a da imaginação. É quando a criança, na árdua tarefa de separar-se para individuar, vai ter de construir a imagem de algo que não é ela mais, que no começo é a mãe, mas depois, num segundo momento, são todos os "outros" da vida. É quando ela percebe que pode "criar" o outro sem que esse esteja presente. Inclusive, é assim que ela ameniza a própria ânsia da separação.

Para essa tarefa, num primeiro momento, ela tem o auxílio do *objeto transicional*, um termo cunhado por Winnicott para definir aquele paninho ou ursinho de pelúcia (o "cheirinho"), que a criança nessa fase carrega consigo quase que permanentemente, principalmente nas horas de dormir ou na maioria das horas em que ela está sozinha. Manuseando, sentindo o cheiro, acariciando esse objeto ela se acalma, pois tem a sensação da presença real, bem próxima, do objeto de amor (da mãe e, posteriormente, de outros objetos).

Há quem diga que passamos a vida toda substituindo nossos objetos transicionais por objetos que alimentam nossa esperança. Não carregamos mais ursinhos, mas facilmente os transferimos nos nossos diferentes objetos de apego: qualquer objeto que parece nos garantir alguma segurança ou, pelo menos, alguma certeza de que não estamos sós e que não seremos abandonados. Por outro lado, é a partir desse processo que desenvolvemos nossa capacidade de relação com o que ainda não temos experimentado, com o que ainda está para vir, com o que desejamos, mas também com o que há de mais sutil, com o infinito, com os objetos de transcendência, com o sagrado e com o divino.

Aqui também começa a nascer e a se enraizar o que chamamos de ego: aquela noção que se tem de si mesmo. É aquilo que aos poucos vou pensando de mim. Aquilo que eu penso que sou. O ego é aqui entendido como algo que estaria mais em luta com o eu do que propriamente um aliado a ele, como já mencionamos anteriormente.

Todo processo de identificação ou de individualização é uma faca de dois gumes. Por um lado, é preciso saber *quem se é*; por outro, *não se é*, propriamente, *o que se pensa de ser* ou somente *o que se pensa de ser*. Portanto, podemos nos enganar sobre nós mesmos, a ponto de corrermos o risco de passar uma vida inteira imaginando que somos alguém e não sermos, na essência, nada daquilo que pensamos.

Wilber, nessa fase, faz uma distinção entre diferenciação e dissociação. A primeira é necessária para o crescimento integrativo. A dissociação seria aquela separação drástica e traumática que deixaria no indivíduo a sensação de perda do paraíso inicial.

## A patologia do eu emocional

Como temos dito de outra forma há pouco, quando não for bem-sucedida essa fase, pode continuar na criança esse senso de indiferenciação emocional e estagnar-se num distúrbio de personalidade *narcisista*, ou iniciar o processo e não finalizá-lo, estabelecendo-se um distúrbio de personalidade *limítrofe*. Em ambos os casos há uma carência profunda de coesão do eu.

À base de uma personalidade de estrutura narcisista está um grande desejo de poder que se expressa em atitudes de grandiosidade, de manipulação dos outros em favor de interesses pessoais, na falta de empatia e vínculo com as pessoas, falta de sentimento de culpa e de vergonha, no uso da indiferença como proteção contra os que o criticam. Alimenta uma noção de si de *tudo bom*, encapsulando uma ideia interna de si *de tudo ruim*, razão pela qual ele não só não consegue amar as pessoas, como inclusive a si mesmo, pois só ele sabe quem ele é no seu mais profundo. Além do mais – e o que explica um pouco melhor a personalidade narcisista –, é que ele condensa o eu ideal com o eu atual, isto é, o eu grandioso e o eu onipotente formam o eu que pensa e sente[25].

O distúrbio de personalidade *limítrofe* é próprio de quem partiu para a diferenciação, mas ao ver-se diferenciando, perdeu-se no medo do abandono e da inundação da alteridade. Por um lado, sente-se frágil e indefeso e, por outro, sem valia nenhuma. Diante disso, para compensar sua fragilidade tem uma relação de apego a um objeto-parcial que ele julga completamente bom, agradável, protetor e seguro. E, por outro lado, aliado à sua noção de pouca valia está um objeto-parcial completamente mau, zangado e vingativo[26]. Está em constante esforço para evitar o abandono, real ou imaginário. Tem muita dificuldade de vinculação afetiva, com relacionamentos intercalados por extremos de idealização e desvalorização. Carrega um constante sentimento de vazio e raiva, essa última, muitas vezes, incontrolável. Não consegue perceber as realidades de modo integral. Por isso, seus principais mecanismos de defesa são: a cisão (*tudo bom* ou *tudo ruim*), a negação massiva, a identificação projetiva, a idealização e a desvalorização.

---

25. Sobre o narcisismo, cf. KERNBERG, O.E. Why some people can't love. In: *Psychology Today*, jun./1978. • *Teoria della relazione oggettuale e clinica psicanalitica*. Turim: Bollati Boringhieri, 1980. • *Mundo interior e realidade exterior*. Rio de Janeiro: Imago, 1989. • *Sindromi marginali e narcisismo patologico*. Turim: Bollati Boringhieri, 1990. Cf. tb. GIKOVATE, F. *Você é feliz?* – Uma nova introdução ao narcisismo. São Paulo: MG, 1978.

26. WILBER, K. *Transformações da consciência*. Op. cit., p. 66.

Alguns autores como Kernberg e Rulla consideram *limítrofe* não um distúrbio de personalidade senão um estado *borderline* da personalidade, um comportamento do eu que oscila justamente na linha de borda, entre a neurose e a psicose. Na verdade, seriam estruturas psiconeuróticas que, quando enfraquecidas, ultrapassam a linha de borda que está entre a neurose e a psicose[27].

## Como tratar a patologia do eu emocional

A grande questão dessa fase é justamente a falta de uma estrutura separada-individuada. Há uma mistura das coisas do eu com as do objeto, no caso do narcisismo. E uma leve e bem frágil separação e individuação no caso do limítrofe. Fazem-se necessárias técnicas de construção da estrutura do eu ajudando a alcançar o nível da neurose, pelo menos. É a construção do eu incentivando a separação-individuação.

Na verdade, o processo de separação e individuação interrompido ao longo do desenvolvimento deverá ser reiniciado através da terapia, no intuito de completar a estruturação do eu dessa fase. Um dos grandes alvos da terapia desse período deverá ser a flexibilização das defesas primárias, principalmente a cisão, a negação massiva, a identificação projetiva e a idealização primária, no intuito de fortificar a estrutura para poder diferenciar as representações do eu e do objeto, integrá-las em cada um dos polos, para que possa haver o mínimo de uma relação dialética entre o mundo do eu e aquele do objeto.

Wilber cita autores como Blanck & Blanck, Masterson, Kernberg e Stone, para sugerir que o tratamento e o cuidado

---

27. RULLA, L. *Antropologia da vocação cristã*. São Paulo: Paulinas, 1987.

das feridas do eu emocional devem ser feitos de modo brando, mas ao mesmo tempo firme. Deverá confrontar os mecanismos que geram processos de divisão e cisão da realidade, bem como as distorções feitas por causa da identificação projetiva e da cisão. Em síntese, a terapia deve encorajar o indivíduo a se arriscar nesse processo de separação-individuação ajudando-o a perceber que não será tragado pelo mundo, nem destruído.

No acompanhamento de indivíduos com distúrbios próprios dessa fase deve-se ter a ciência de que por mais passos que sejam dados no processo de estruturação, o eu dificilmente alcançará a estatura de uma fortaleza suficiente.

No entanto, aqui é o lugar de perguntar-nos sobre nossas posturas e comportamentos narcisistas. Querido leitor, quanto ainda lhe incomoda aquilo que os outros irão dizer de você? Como você se sente depois de saber que alguém falou mal de você? Quanto é forte ainda em você o desejo de ser o centro de tudo e de ser sempre lembrado diante de algo que você fez ou faz? Aquilo que as pessoas conhecem de você, de um a dez, quanto é verdade? O que você acha que tem de melhorar o quanto antes em relação ao seu modo de ser com os outros e consigo mesmo? O que você projeta para você em relação ao futuro? Se você tiver muita dificuldade de admitir essas perguntas é bem provável que seu nível de narcisismo ainda está muito alto.

### 3 O *eu* conceitual

A última estrutura desta fase é a *Mente representativa*, a qual, segundo Wilber, desenvolve-se em dois estágios: o estágio de *símbolos* (2-4 anos) e o de *conceitos* (4-7 anos), conforme Arieti (1967) e Piaget (1977). É a fase que dá continuidade ao processo de imaginação, mas de modo mais sofisticado, uma vez que o símbolo é mais do que uma simples imagem e o conceito é um símbolo que representa não apenas um objeto ou ato, mas uma categoria de objetos ou atos.

Daqui para frente o eu passa a ser não mais um *set* de sensações, impulsos e emoções, mas um conjunto de símbolos e conceitos. Conforme Wilber, aqui se dá a passagem da biosfera para a noosfera. A noosfera, conforme Teilhard de Chardin, é o âmbito psicoespiritual do qual é possível não somente fazer experiências, mas conferir sentido a elas, uma potencialidade já dada desde o início do ser humano, mas que se realiza livremente através do processo de hominização[28]. Portanto, o eu não mais só está presente, mas, pelo pensamento, pode voltar-se ao passado ou projetar-se para o futuro. Pode tanto retroagir quanto progredir. Assim, em relação ao passado pode sentir harmonia ou desenvolver culpa, e enquanto pensa no futuro pode desejar com segurança ou sentir medo e ansiedade, dependendo de como se estabelece essa dialética.

É nessa tarefa de a noosfera controlar a biosfera que surgem os mecanismos de transcendência ou de repressão. O primeiro leva à progressão e o segundo pode fazer regredir. Ricoeur fala de símbolos progressivos – quando nos levam a níveis avançados de humanidade –, ou regressivos, se repetem os vazios sem poder significá-los. Por isso, esse é o estágio das neuroses clássicas que, dependendo de como o eu noosférico vai lidar com o biosférico pode abarcar e significar ou reprimir, distorcer e negar.

No entanto, é justamente nesse estágio que o processo de identificação se fortifica, na medida em que a criança começa

---

28. TEILHARD DE CHARDIN. *O fenômeno humano*. São Paulo: Cultrix, 1955.

a controlar mentalmente seu comportamento, aprendendo que tudo o que ela experimenta pode ter uma repercussão sobre os outros que, por sua vez, esses responderão recompensando-a ou punindo-a. Começa a entender que seus comportamentos, especialmente os sexuais e agressivos, podem prejudicá-la, então, inconscientemente, aprende que há um jeito de sentir sem expressar. É quando tem começo o mecanismo de repressão propriamente dito, em que ela vai descobrindo que o eu mental pode controlar aquele emocional.

Na linguagem psicanalítica, é nessa fase que se estabelece a estrutura triádica *id-ego-superego*, em que a mente se separa do eu libidinal, o eu se conceitua, e passa a sentir-se distinto do corpo libidinal, podendo comportar-se diferentemente daquilo que sente.

A característica principal dessa fase é justamente o surgimento do mecanismo de repressão, como dissemos. E é também o que há de mais delicado. Pois a criança aprende que precisa reprimir, mas ao mesmo tempo, se a repressão for excessiva, os sentimentos que ela reprime podem retornar à sua consciência de forma disfarçada e dolorida, gerando aquilo que a psicanálise chamou de *neurose*. O eu conceitual fica assustado pelos impulsos do *id* e, por vezes, é esmagado por eles; assim, reprime tudo para o inconsciente, aumentando desse modo os sentimentos de dor e de medo.

Os sintomas neuróticos, por sua vez, podem revelar-se de diferentes maneiras daí pra frente, como: ansiedade, fobias, depressão, euforia, histeria, vergonha e culpa excessivas, distúrbio obsessivo-compulsivo e dissociativo.

Segundo Wilber, cada um desses estágios do eu ou fulcros, como ele chama, comportam tanto *diferenciação* quanto *integração* (transcendência e inclusão)[29]. Nesse processo o eu vai se diferenciando progressivamente a partir do corpo, identifica-se com o que vem adiante, a mente, e em seguida integra a mente conceitual com os sentimentos do corpo. Qualquer falha num desses estágios resultará numa patologia. Por exemplo, se a mente falhar em diferenciar-se dos sentimentos corporais ela poderá ser sufocada pelas emoções fortes e subjugada dolorosamente por elas. Podem acontecer mudanças dramáticas de humor, grandes dificuldades de controlar os impulsos, a tal ponto de muitas crianças bloquearem-se nesse estágio do desenvolvimento. Da mesma forma, num terceiro momento, mesmo que a mente e o corpo se diferenciem com sucesso, mas não forem em seguida integrados, pode desencadear-se uma neurose.

Como ele diz, em cada estágio o eu se defende com o que tem. No eu físico ele tem sensações e percepções sensoriais, então se defende da dor e do medo da possibilidade da fragmentação e da morte de forma muito rudimentar, como a fusão com o ambiente e alucinação dos desejos saciados. Já no segundo fulcro ele tem a mais os sentimentos e as primeiras imagens simbólicas, por isso separa (*tudo bom* de *tudo ruim*) ou se projeta emocionalmente nos outros. Já no fulcro três o eu tem a mais as concepções e as regras, recursos que ele usa para reprimir o corpo e os seus sentimentos, a reagir formativamente, a deslocar seus desejos, suprimi-los ou sublimá-los.

*A patologia do eu conceitual*

Como vimos, esse estágio é mais precisamente o âmbito das psiconeuroses. Conforme diz Ernest Becker, as neuroses

---

29. WILBER, K. *Psicologia integral*. Op. cit., p. 109.

são mecanismos pelos quais o indivíduo "aceita" reduzir uma parte de seu eu para resguardar todo o resto de si mesmo[30]. Os objetos fóbicos no-lo atestam: o indivíduo escolhe um objeto sobre o qual projeta os medos, se protege dele e então se sente mais seguro em lidar com a vida, ficando longe dele. Por exemplo: projeta o medo do pai na figura do cavalo; assim, evitando os cavalos, pode conviver com o pai lado a lado no dia a dia. Isto é, compromete "um pedaço" de sua liberdade para lidar "livremente" com os objetos de importância afetiva maior em sua vida.

No percurso de evolução do ser humano, nesse estágio, tudo depende de como o processo de repressão for organizado. Se essa for excessiva, os sentimentos reprimidos podem voltar de forma disfarçada e dolorosa: ansiedade, fobias, depressão, transtorno obsessivo-compulsivo, culpa excessiva, histeria, hipocondria. O eu conceitual fica assustado e esmagado pelos sentimentos do corpo (sexo e agressão), aí reprime para o subterrâneo e aumenta a dor e o terror. Dependendo da intensidade dos sintomas neuróticos os mesmos sentimentos podem alcançar níveis psicóticos.

Para isso é que existem os mecanismos de defesa, que na realidade são instrumentos sadios mantenedores do equilíbrio emocional e da integridade do eu pessoal. Quando o sistema defensivo entra em colapso e deixa de cumprir sua tarefa os mesmos mecanismos de defesa se tornam mecanismos de mascaramento do eu, reforçando o ego, que é a ideia de um falso eu, inclusive para o próprio indivíduo.

---

30. BECKER, E. *A negação da morte*. Rio de Janeiro: Record, 1973.

## Como tratar a patologia do eu conceitual

Nessa fase o eu já possui uma estrutura mais forte e integrada, então também tem a capacidade de abarcar, reprimir, dissociar e inclusive ignorar aspectos de si mesmo, com a finalidade de banir da consciência o desconforto gerado por esses aspectos do seu ser. Por isso, qualquer técnica de tratamento dessa fase será eficaz na medida em que ela revelará o que fora escondido a fim de que seja re-apresentado ao eu consciente, interpretado e integrado ao seu todo. A maioria das técnicas terapêuticas da psicologia mais clássica lida com os vazios desse estágio. Técnicas de autodescoberta como a psicanálise, a *gestalt*, a terapia junguiana de integração das sombras e a comportamental, em alguns aspectos.

Cada uma dessas correntes de tratamento psicológico possui as técnicas que lhe são autóctones, mas todas elas visam a intuição dos aspectos escondidos do ser, a compreensão, a interpretação e a integração.

Wilber recomenda que se faça um bom diagnóstico para ver o nível em que se encontra a patologia, pois não há como integrar confrontando e interpretando se não houver realmente um eu que esteja no nível desse terceiro estágio, uma vez que, se a patologia for do estágio anterior, por exemplo, as resistências deverão ser incentivadas antes que confrontadas e destruídas.

Queria a esse ponto perguntar ao leitor: Quanto você acha que se conhece realmente? Qual é seu mecanismo que está na base de seus conflitos? Quando você se estressa, o que é que você normalmente faz? Fecha-se ou joga a culpa sobre os outros? Qual é sua doença mais recorrente? O que é que ela quer dizer? Quando é que ela mais aparece? Você se acha uma pessoa buscadora de si? Você já pensou em achar um jeito de resolver os conflitos pessoais ou você é daqueles que acha que veio assim e vai também acabar morrendo assim? Pode ser que você já pensou em fazer um período de análise de si mesmo, mas se deu uma série de desculpas para não fazê-lo: medo do que os outros vão dizer, falta de dinheiro, achar que terapia é para louco etc. Não se esqueça de que é sempre muito maior a dor da alma por não se conhecer do que a maior dor que você já passou por ter conhecido algum aspecto de si que não queria ter encontrado. A melhor forma de enfrentar o medo de se conhecer é conhecer o medo que nos separa de nosso verdadeiro conhecimento.

## II – Fase pessoal

A fase *pessoal* é a do desenvolvimento da razão, das relações com o mundo externo, da compreensão de si mesmo, da formação consciente da individualidade e identidade, da consolidação de um conceito pessoal e noção de existir no mundo como entidade autônoma, única e pessoal. Fase intensiva de construção do eu em base ao que fora construído na fase anterior.

É o tempo de formação da pessoa propriamente dita, dos conceitos, dos pontos de vista, dos valores, da qualidade da vida, que tem sua raiz nas fases anteriores e no modo como foram vividas as diferentes etapas, e terá forte influência sobre a fase seguinte do processo evolutivo da consciência.

Nessa fase se supõe que o indivíduo esteja se sentindo "plantado" nesse mundo para poder evoluir nele com destreza, com autonomia, tendo noção de si, de sua personalidade, de seus desejos, dimensões que, daqui para diante, deverão se ampliar na medida em que o processo evolutivo vai se desenrolando. É o período de "vir para fora", tornando-se um ser global, universal, integrativo e de mente com horizontes largos. Por isso, na visão de Wilber, essa é a fase do reinado da *mente*, que ele subdividiu em *mente regra/papel, formal-reflexiva* e *visão lógica*.

## 4 O *eu* regra/papel

A *mente regra/papel* corresponde ao pensamento operacional concreto de Piaget (1977), onde a criança começa a notar que existem regras e papéis que regem o mundo exterior a ela. Período que se estende dos 7 aos 13 anos de idade. É a fase em que se desenvolve a capacidade de aprender regras mentais e assumir papéis, inclusive a absorver papéis dos outros. Piaget a chamou de fase operacional concreta por perceber que nesse período a criança, além de levar a cabo operações complexas, é capaz de fazer isso de forma concreta e literal.

Ainda há uma visão mitológica do mundo nessa fase, mas ela começa a incluir pessoas que nesse mundo participem de suas ideias, cultura, raça e credo e, ao mesmo tempo, normalmente, rejeita os que resistem a fazer parte desse mundo, os que ela considera diferentes dela. É importante essa fase, pois é um passo em direção aos outros, às relações sociocêntricas, embora ainda muito frágil. É o enfrentamento do medo de deixar que os outros "entrem" a fazer parte de mim. Período de inclusão, das portas que se abrem, do caminho da integração de outros mundos.

Como ressalta Wilber, esse período é muito importante na vida humana. Estágio de mudança de paradigma. Há um salto qualitativo no modo de viver: passagem do egocentrismo ao modo mais abrangente e sociocêntrico de ver e viver a realidade. No entanto, isso ainda é muito limitado, pois o cuidado e a solicitude para com o grupo não são com qualquer grupo, mas com o grupo do qual eu faço parte. É um processo de abertura ao global, mas que ainda se mostra bastante mitológico, etnocêntrico. O desafio agora é a passagem do meu clã, minha tribo, meu grupo, para o *todos nós*.

## Patologia do eu regra/papel

No caminho do desenvolvimento da consciência, o risco de patologias graves vai além dos primeiros três estágios do eu. Enquanto o eu vai avançando para níveis mais sutis de sua constituição, conjuntamente podem acompanhá-lo patologias que, por sua vez, também têm todo um caráter mais sutil de se expressar. Wilber associou às subfases do campo *pessoal* dificuldades com relação ao *script* pessoal, às questões de identidade e da satisfação existencial.

O risco da subfase do eu regra/papel, dos *scripts*, é a possibilidade da rigidez e da ilusão, o perigo de construir mitos falsos, enganadores e estereotipados, o fechamento em grupos rígidos, de regras rígidas e de crenças fanáticas. Há no indivíduo, nessa fase, um grande desejo de adaptação, de pertença a um grupo, de assumir um papel que seja pessoal e, junto a essas necessidades anda o medo de não dar certo, de não cumprir ou de perder o próprio papel, de burlar as regras.

É a fase da possibilidade da dissociação do eu, em que partes de si ficam ocultas e experimentadas como contraditórias, pois, na verdade, a mente regra/papel é um constructo mental, uma ideia que se faz de si e que, portanto, pode estar longe da própria essência. Há a facilidade de personalizar falsos *scripts* como *eu não sou capaz de nada, comigo nada dá certo...* Falsos *scripts* têm grande vinculação com os esquemas familiares.

Na verdade, é um período em que se estabelecem mais fortemente os pilares do ego, da identificação. É quando a mente entra em cena de maneira preponderante. Dali para frente o indivíduo pode, inclusive, abdicar do eu para viver uma ideia egoica de si, podendo, inclusive, abandonar a si mesmo para ser quem ele gostaria de ser ou pensa de poder se tornar. Então, defende-se racionalizando, justificando pela razão, intelectualizando, julgando, criticando, separando... São formas de organizar a vida, e muito necessárias. Mas podem se tornar empecilhos para manter uma conexão mais profunda e real consigo mesmo. Vai precisar passar para outra fase, aquela do *nós todos*, da diversidade, do diferente, do contraponto e da multiplicidade, onde as fronteiras do eu se afirmam e se solidificam sem rigidez, numa dinâmica constante de abertura e fechamento, de assimilação e acomodação, de individualidade e alteridade.

## Como tratar a patologia do eu regra/papel

A maior parte dos profissionais da psicologia trata as doenças psicológicas focando o olhar sobre o estágio anterior de modo particular, pois historicamente a psicologia desenvolveu a ideia, com base em pesquisas, sem dúvida, de que a raiz da maioria dos conflitos psíquicos estaria no período pré-edipiano. Isso é compreensível, pois essa é também a fase em que o eu experimenta maior carga emocional na construção do seu processo evolutivo. No entanto, a partir do período pós-edipiano (dos 7-8 anos em diante), o eu entra no espectro mais propriamente mental do que corpóreo-emocional. Então, também os conflitos são agora mais de ordem cognitiva e mental. Portanto, também a intervenção de ajuda vai ter de ser nessa ordem e com esse olhar. Há que se cuidar do pensar em relação ao sentir; dos constructos mentais que geram a emoção e o comportamento posteriores. Sem dúvida os conflitos de ordem cognitiva têm também sua raiz nas emoções, pois sentimentos geram paradigmas e vice-versa, e estes geram comportamentos.

Justamente por isso se faz necessário observar os papéis e as regras que são seguidos pelo indivíduo a fim de compreender o nível de patologia ali presente para, em seguida, intervir no processo.

Para isso, Wilber, apoiando-se em autores como Berne, Nichols, Branden e outros, diz que é preciso, antes de tudo, intervir na questão dos papéis, os quais têm suas raízes fortes nas tramas familiares, pois "o indivíduo envolvido com a patologia dos papéis está enviando mensagens de comunicação em vários níveis, em que um dos níveis nega, contradiz ou frustra o outro nível. O indivíduo, assim, possui toda sorte de programas ocultos, mensagens cruzadas, papéis confusos, transações duplas, e assim por diante"[31].

Para isso a ajuda pode ser oferecida através da análise de *scripts*, da análise transacional, da terapia familiar, da terapia cognitiva, entre outras técnicas desse nível. Será preciso analisar mitos e estruturas de conceitos distorcidos e desmascará-los à luz da racionalidade, confrontando e interpretando, no intuito de integrar o que é explícito com o que está oculto na mente do indivíduo.

---

31. WILBER, K. *Transformações da consciência*. Op. cit., p. 98.

Na mesma direção vai a questão das regras e dos esquemas cognitivos. A psicologia cognitiva tem bem desenvolvida a teoria dos pensamentos e esquemas mentais que geram sentimentos e, em seguida, comportamentos. Para a teoria cognitivista, por trás de um sentimento há um pensamento automático ou uma estrutura cognitiva que "sustenta" tal pensamento e comportamento. Ela crê e mostra que modificando os conteúdos das estruturas cognitivas básicas é que se modificarão os padrões emocionais e comportamentais.

Nesse sentido, os autores da psicologia comportamental cognitiva têm contribuído muito nesses últimos anos através de suas pesquisas, teorias e métodos terapêuticos com a prevenção e a cura das patologias da mente, tanto nesse estágio do desenvolvimento quanto nos três seguintes.

Convido o leitor, no fim desse estágio, a refletir um pouco mais sobre os próprios *scripts*. Quais são as máximas inconscientes ou conscientes que você defende? Quais são suas certezas que nunca foram postas em dúvida? De quem você as recebeu? São verdades que você acredita ou lhe fizeram acreditar? Quais os seus pensamentos automáticos que estão por baixo de comportamentos que você abomina de si mesmo? Quanto ainda você vive da inércia de padrões de sua família sem ter ainda dado um sentido pessoal a isso? Lembre-se que nós não adoecemos por coisas que fazemos, mas adoecemos por coisas que fazemos sem saber por que as fazemos.

## 5 O *eu* mundicêntrico

Wilber chamou essa fase também de *mente formal/reflexiva*, que corresponde ao pensamento operacional formal de Piaget. Estrutura que favorece pensar não somente a respeito do mundo concreto, mas, também, agora, acerca do pensamento. É a dinâmica autorreflexiva e introspectiva, de raciocínio hipotético ou proposicional, que dá abertura ao desenvolvimento de visões pluralistas e universais. É a mente que opera relações e não mais somente coisas. É a fase em que o indivíduo não se contenta mais com o simples saber: ele quer provas, demonstrações lógicas, certezas maiores, compreensão. É um passo a mais em direção ao global: do egocêntrico ao etnocêntrico e, agora, ao cosmocêntrico.

É a fase da possibilidade de imaginação de mundos diferentes, do ideal, das projeções. É quando surge a consciência do mundo psicológico: aquele da interioridade. O indivíduo começa a perceber que na interioridade estão todas as possíveis imagens, mitos e modelos que não mais vêm de fora, mas de seu próprio interior. É a oportunidade da percepção de uma autenticidade experimentada a partir de dentro. Talvez seja justamente o momento da aproximação da originalidade subjetiva. Isto é, existem muitos mundos diferentes, mas há somente um mundo de verdade, aquele interior. Ele é muito mais do que um mundo, é uma voz, é um ponto do qual é possível olhar, distinguir, decidir e sonhar. É o terreno do espaço psicológico individual de onde é possível ser quem se é, não mais a partir do que os outros dizem, mas da própria consciência individual.

Nessa fase é que se abre a visão dos horizontes universais, da globalidade, da complexidade dos princípios, da noção de universalidade. Por isso, esse é considerado o começo do período das grandes perguntas existenciais onde o indivíduo se coloca diante da possibilidade de organizar a vida a partir do próprio eu pessoal. Ele nota que é hora de começar a pôr em prática a realização dos próprios sonhos, desejos e expectativas. Basicamente nessa fase ele passa a experimentar que há uma gama de anseios pessoais internos e latentes que está à espera de respostas pessoais, tanto no âmbito do afeto, das relações de intimidade, das escolhas para o futuro, quanto para com as questões filosóficas, religiosas e morais, entre outras. Por isso, passa a criar hipóteses e testá-las para obter respostas que convençam o seu eu individual e subjetivo.

## Patologia do eu mundicêntrico

Como essa é a fase em que o indivíduo toma as rédeas de sua identidade acreditando nas suas potencialidades e princípios individuais, o possível conflito dessa fase é o fechamento autonômico, o apego a uma ideia egoica de si em nome da liberdade e da autoafirmação. Mas é também o grande momento de "voltar para casa", através da introspecção, da compreensão filosófica de si mesmo e das coisas da alma. É o período propício do exercício da interlocução dialógica, do confronto com a alteridade, da exposição das próprias ideias e deixar-se questionar por outras diferentes. Fase em que é necessário enraizar o sujeito para que ele possa suportar os confrontos com o objeto. Mas como isso não é tão simples, pode acontecer de estabelecerem-se fronteiras demasiadamente rígidas ou frágeis de um eu que, consequentemente, encontrará dificuldades na relação com a realidade objetiva.

Medo, timidez ou idealismo exagerado podem passar a fazer parte da personalidade nessa fase, pois é o período em que ele se permite de sonhar o futuro e temer a ideia de que ele possa também não se realizar. Diante de seus olhos aparecem tanto a possibilidade do progresso quanto do fracasso, tanto da vida quanto da morte. Sua mente, nessa fase, é permeada por constantes pensamentos e reflexões filosóficas em relação a si mesmo, se ele vai ser capaz de dar conta das demandas da vida, de suas surpresas, daí a ansiedade, inclusive a angústia, própria de quem experimenta a possibilidade de não dar certo. Passa, portanto, um bom tempo analisando todas as possibilidades de concretizar os sonhos e evitar o possível fracasso dos projetos pessoais.

A passagem bem-sucedida por esse estágio encaminha o indivíduo para o passo seguinte, que é aquele da consciência integral. Não há integralidade sem individualidade. Não há comunhão sem individuação.

## Como tratar a patologia do eu mundicêntrico

As técnicas mais sugeridas para o tratamentos da patologia desse estágio são a introspecção e a filosofia em forma de diálogo socrático. Nesse caso o terapeuta vai precisar entrar mais com sua presença dialógica, não no sentido de sustentar o diálogo simplesmente, mas de favorecer o filosofar do paciente a fim de que ele externe a sua interioridade, oferecendo ao terapeuta conteúdos que depois, inclusive, poderão ser interpretados. Bem mais do que os conteúdos do diálogo, importante é o movimento que se cria, possibilitando a expressão do que está no interior do paciente que, na medida em que ele vai externando vai também se identificando com o que está em diálogo e se autocorrespondendo com isso. O diálogo é como se fosse mais com ele mesmo e sua interioridade do que propriamente com o terapeuta.

Está aí a importância da reflexão para a cura nas patologias desse estágio da mente: excitar a mente reflexivo-introspectiva do paciente para que se crie esse movimento interioridade *versus* exterioridade na tarefa de apreender a sua vida interior através da introspecção. A interioridade é derramada através do filosofar, onde as palavras têm o grande poder e a magia de revelar as inquietações que estão na interioridade, na tarefa de serem molduradas para que aconteça a identificação consciente do indivíduo.

A esse ponto de nosso livro cabe ao leitor um convite a nunca se calar diante dos conflitos existenciais. Antes de qualquer coisa é preciso dar tempo à sua alma. Silêncio é um bom jeito de acariciar a alma. Em seguida é preciso, e faz bem, partilhar com alguém sobre conteúdos de sua interioridade. Quem é que é seu interlocutor? Quanto e para quem você fala de coisas de sua alma? Para quem você corre quando a alma dói? A pior das posturas é aquela do fechamento. Quando nos fechamos, estamos lacrando as portas da alma para qualquer possibilidade de luz que possa vir a nos iluminar. A alma não consegue viver longe da luz. Eis o grande perigo da tristeza e de reforçar o desejo de morte.

## 6 O *eu* centauro

A terceira e última estrutura desta fase é aquela que alguns autores, como Bruner, Flavell e Arieti, consideram superior à "estrutura operacional formal" de Piaget. Ela foi chamada de "dialética", "integrativa", "sintética-criativa" e que Wilber preferiu chamar de *visão-lógica*. No âmbito mental, a mente, enquanto formal, estabelece relacionamentos e a visão-lógica cria redes desses relacionamentos. Ela apreende uma rede de ideias, o modo como se influenciam e se relacionam entre si. É aqui que começa aquela capacidade superior de síntese, de criar conexões, de relacionar verdades, coordenar ideias e integrar conceitos. Por isso é considerada a estrutura mais elevada do reino *pessoal*. Depois dela só existe a transpessoalidade.

É a fase da integração mente-corpo. É a sensação de experimentar um eu inteiro. Por isso mesmo foi que Wilber a chamou de fase do *eu centauro*[32]. Agora a visão não é mais necessariamente divisória, na tirania de ter de se autoafirmar como entidade autônoma. Uma vez individualizado, o eu pode integrar-se com toda a realidade universal sem medo de perder a própria essência individual. Por isso, agora ele tem facilidade de criar redes, conexões, tramas com tudo, sem se perder no mar da vastidão de tudo. Sri Aurobindo chamou essa capacidade integrativa de "mente superior". Nada disso é forçado. Há a experiência da integração espontânea de todos os elementos dos estágios anteriores, corpo, mente, ego, personalidade...

Wilber considera o estágio do centauro um divisor da consciência humana. Embora esse seja o estágio de transcendência da linguagem, da lógica, do ego com suas manifestações brutas, ele ainda não é necessariamente transpessoal[33]. Isto é, nesse estágio o indivíduo ainda está sob os ditames da existência corpórea e mental, inserido no tempo real, no mundo das formas, enraizado num contexto "material" definido. No entanto, a partir daí, a qualidade das experiências se torna mais sutil. Há uma forma diferente de perceber a realidade, o horizonte se amplifica na maneira de sentir, de perceber e avaliar a experiência. Por isso é que a esse ponto o indivíduo está aberto às interferências do mundo sutil e transpessoal.

Muitas pessoas ao longo do arco da existência param por aqui. São seres bem integrados, com um bom nível de auto-

---

32. Centauro: figura mitológica com corpo de animal e mente humana, integrados.

33. Cf. mais detalhadamente WILBER, K. *O Projeto Atman*. Op. cit.

transcedência, mas que não alçaram o voo da transpessoalidade. Transcenderam a ideia fragmentada de si mesmos, alcançando justamente uma noção íntegra do próprio eu, superando as várias faces separadas do ego. Mas aí ficaram. Por quê? Por nada, pela sua cultura, pelos seus paradigmas, pelas suas escolhas. Pois daqui para frente é preciso "perder-se". Entregar-se ao que é sem forma, sem chão, sem medida, sem controle, sem razão. Daqui por diante a vida vai mais facilmente em direção ao que é desejado, ao objeto da intencionalidade consciente. Se o objeto de desejo não for a transcendência, no nível transpessoal é mais difícil que esse salto aconteça. E se alguém "for embora" por arrebatamento, vai depender de como organizará a experiência da volta. Pois, parece, que aquele que desejou o infinito, ao deparar-se com ele, não será tão surpreendido. Por isso é que Otto dizia que o Mistério é desejado por ser fascinante, mas ele também é tremendo, justamente por ser desconhecido. Eu diria então que, para não se espantar em relação a ele, será necessário tornar-se familiar a Ele. Cultivá-lo em forma de desejo com a intencionalidade de encontrar-se com Ele. Onde estaria então a entrega? No exercício de deixá-lo vir do modo como Ele quiser, no tempo que for, na intensidade que lhe é própria.

 O estágio centauro da consciência pode favorecer justamente isso: a potencialização das capacidades de percepção atenta ao significado de tudo o que possa acontecer no espaço e no tempo, ferramentas necessárias e propícias para dar o salto, se o indivíduo o desejar. Pois é somente através da compreensão do que acontece perto e ao redor que será possível acessar o mistério daquilo que parece longe, por não pertencer ao espaço e ao tempo.

## *A patologia do eu centauro e o salto momentoso*

É justamente nessa fase que surgem em maior profundidade as clássicas perguntas existenciais e as preocupações com o sentido da vida, o significado das realidades futuras, como a questão da morte e da finitude do ser. Fica muito latente o problema da autorrealização e o medo de a vida não valer a pena. As principais síndromes dessa época, conforme Wilber, são: (i) *depressão existencial*, global e difusa diante da sensação da falta de sentido da vida; (ii) *falta de autenticidade*, ausência de profunda consciência e acolhimento da finitude da vida e da dimensão de mortalidade pertinente à vida; (iii) *isolamento existencial e estranheza*: apesar de sentir-se capaz e forte, o eu sente esse mundo estranho, um lugar que não é sua casa; (iv) *autorrealização abortada*, a percepção de antemão de que a vida não vai dar certo; e por fim, (v) *ansiedade existencial*, ameaça de morte ou de perder o próprio jeito introspectivo e autorreflexivo de estar no mundo.

É a experiência da falta de sentido da vida e o terror de passar por ela sem ter colhido o seu significado maior, é o clássico tédio existencial dos filósofos existencialistas: chegar à conclusão de que a única coisa que existe é o nada, o vácuo, e, por isso, o nojo da vida.

Por outro lado, como dissemos, esse é o portal da transpessoalidade. É o momento propício para a oportunidade da morte da finitude. Por isso o desespero, o medo e a angústia. É quando começa a morrer o pessoal. E apesar de ter vivido tudo muito intensamente, tudo pareceu insuficiente. Então, chegou a hora do salto!

As questões existenciais dessa época conduzem o sujeito a outros níveis do ser, não mais tão estruturados ou materialmente delineados. O *trans* já diz tudo: o que está por entre, através e além da realidade[34]. É o período em que o indivíduo pode aprender a desenvolver o seu potencial interpretativo da realidade, mais do que simplesmente analisá-la e compreendê-la mentalmente. É a fase em que ele começa a perceber que a alma somente se acalma enquanto ela compreende o significado intrínseco do real.

Nessa época ele pode aprender que na sua sede de infinito há uma finitude a ser significada. No seu anseio pela imortalidade existe a tarefa de conferir sentido ao que é finito. E que essas realidades aparentemente antagônicas são paradoxais somente à primeira vista, pois tanto uma quanto a outra são partes da mesma existência.

A maioria dos indivíduos nessa fase se torna um "buscador". Ali é onde praticamente todos se tornam peregrinos do sentido. Caminham na busca de algo que fica além do que é óbvio. E cada um lança mão daquilo que está a seu alcance. Em geral, de algo que lhe promete alguma resposta, mesmo que imediata.

Os orientais sempre tiveram muitos discípulos nas suas diversas escolas filosóficas ou religiosas; e muitos deles, a maioria, ingressava nessa idade ou antes, nesse intuito de buscar o inusitado, o mistério que estaria por trás daquilo que soava sempre muito óbvio e carente de sentido. Já no Ocidente, a busca se manifestava de um outro jeito, naquilo que a cultura mais oferecia: no consumismo, nos títulos acadêmicos, na carreira social, inclusive, nas drogas, nas gangues, nas torcidas organizadas... A busca é a mesma, mas em lugares

---

34. NICOLESCU, B. *O manifesto da transdisciplinaridade*. São Paulo: Triom, 1999.

diferentes e em níveis distintos. É que em cada ser há um âmbito transpessoal que somente se sacia mediante a imersão no próprio ser.

## Como tratar a patologia do eu centauro

Nesse estágio o indivíduo não se acalma até não encontrar uma visão da vida e de seus fenômenos que lhe dê alguma certeza e, consequentemente, uma boa serenidade interior. Para isso ele precisa colher significados. Se o estágio anterior, o da introspecção, não for bem-estruturado, a angústia da falta de autonomia e autenticidade começam a minar o seu *self*, deixando-o cada vez mais insatisfeito e sedento de algo que parece estar ainda longe de ser alcançado.

O tratamento, portanto, consiste em continuar, de modo mais profundo, o exercício da prática da introspecção e do autoconhecimento através da interpretação e do conferimento de sentido, pois o *self* está em busca de transparência e autenticidade. Com base em Koestenbaum, Yalom, May e Boss, Ken Wilber sugere a análise e o confronto dos diferentes modos de inautenticidades humanas presentes numa pessoa. Nesse âmbito do cuidado e para esse fim, a terapia existencialista, nos seus mais diferentes modos de abordagem, tem muito a contribuir.

É importante recordar, no entanto, como fez Wilber, que saúde nesse estágio não significa necessariamente ter alcançado a plenitude humana de seu desenvolvimento. Dentro de um quadro de finitude sim, mas negar os estágios seguintes, os da transcendência, seria estreitar demasiadamente os caminhos da abertura do ser para o Ser em si mesmo.

Como fiz no final de cada estágio até aqui, quero também agora convocar o leitor a se observar. Observar mais objetivamente aquilo que lhe incomoda mais nesse tempo. De onde vem tamanho desconforto? Ou você se acostumou a permanecer com os frutos que os valores da estética lhe oferecem? Você deve gostar muito do que é bom, amoroso, verdadeiro e belo, enfim, você consegue contemplar a arte que há em tudo o que existe. Se esse é um modo seu de viver continue, pois isso é próprio dos artistas, que não são mais pessoas de uma consciência comum. Mas quero convidá-lo a ir mais para o fundo. Siga seu desejo e seu desconforto. O que você mais deseja atualmente e que não consegue encontrar em nada do que você vive? Quando é que lhe bate esse desconforto? E comece a observar o que lhe acontece e pergunte-se, pelo menos, "o que isso tem a ver comigo?" ou "o que isso quer dizer para mim?" E inicie o exercício da interpretação. É um dos mais curtos caminhos de descoberta de si mesmo. Interprete os fatos e depois comece a interpretar seus sonhos noturnos. E aos poucos vai colher significados nunca esperados, e o primeiro fruto será a intuição mais aguçada, acompanhada por uma serenidade, agora inquieta e não mais desagradável. Leia o que segue sobre a interpretação e isso vai ficar mais claro para você.

*A interpretação*

A visão integralista de desenvolvimento humano requer, logicamente, uma metodologia que contemple, qualitativamente, o todo do processo humano, sem perder nada dos fenômenos humanos. Para isso é preciso ir além do método que simplesmente analisa causas e efeitos. Faz-se necessária uma metodologia que se ocupe dos fenômenos, deixando-os falar a partir do círculo inteiro do acontecer humano, com o mínimo ou sem nada de "pré-conceitos". Mais do que ligado a conteúdos, é preciso estar atento aos processos e a tudo o que acontece como parte do "evento" humano. Na filosofia isso se chama de fenomenologia e, mais precisamente, de hermenêutica. Pela hermenêutica pode-se chegar à compreensão do todo que nos é dado pelo inteiro círculo hermenêutico.

Não é difícil de notar a importância desse método para a compreensão do desenvolvimento humano enquanto processo de ampliação da consciência. Isto é, se focarmos nossa atenção aos fenômenos externos do desenvolvimento, como por exemplo o corpo, a fala, os esquemas de pensamento, os conceitos, o comportamento, enfim, a tudo o que é palpável através dos nossos sentidos, fica fácil de compreender o que acontece. Mas quando se quer compreender os eventos interiores do ser humano não se pode mais ir por esse caminho. Pois o amor, a raiva, o medo, a paz interior, a consciência, a espiritualidade, a fé, a profundidade mística, enfim, o transcendente, só se pode ver de modo introspectivo, meditativo e interpretativo. Logicamente, você pode perceber externamente os comportamentos de paz, de serenidade ou de raiva e medo, mas se você quiser compreender o *significado* dessas expressões vai precisar "entrar" em si mesmo, no seu ser mais profundo, para poder compreender tudo no contexto de si mesmo. Então, você deixa de ser um mero objeto de análise para se tornar um sujeito de autorrevelação. Pois cada ser humano é uma fonte de significado, de intencionalidade, de propósito; enfim, todo indivíduo cumpre uma trajetória sagrada, como parte do grande mistério que é existir como humano na inteira humanidade que, como um todo, também percorre sua trajetória sagrada.

Na verdade, o externo é o que se vê e o interno é o que se interpreta. No entanto, se não houvesse o externo, o interno também seria inalcançável. Mas confundir o externo com a verdade, na relação com o humano, é ignorar a humanidade. Pois humano mesmo não é o que se vê, mas o que está por detrás do que se experimenta. É isso que faz de cada indivíduo um ser distinto e inconfundível na grande humanidade. Ao mesmo tempo, essa é a razão pela qual se pode ainda esperar muito da humanidade, pois onde houver um olhar a partir de dentro, haverá sempre a possibilidade da descoberta desconcertante, da surpresa fascinante, do menor que confunde o maior, do simples que desinstala o sofisticado; enfim, do humano desperdiçado que retorna à luz do grande significado.

De certo modo, o método interpretativo não é nem mesmo um método; ele é parte da vida, uma vez que vida é dinamismo interno e profundo. No momento em que se constata a interioridade surge a interpretação. É como se a interpretação fizesse parte do "jeito de ser" da interioridade. Por isso, não há outra possibilidade de compreensão de si mesmo a não ser aquela de ter de entrar em si mesmo para ver quem se é. A introspecção é uma via única de conhecimento humano e a linguagem, nesse sentido, é o caminho de retorno. Isto é, para conhecer-se, de fato, o indivíduo precisa desbravar a selva da interioridade, de seu mistério mais profundo, para depois colocar-se diante do que ele encontrou de si mesmo que a linguagem, por sua vez, construiu em forma de um inteiro significado, no diálogo com aquilo que havia antes. Por isso, a linguagem tem grande importância quando colocada próxima da interpretação. É ela que organiza externamente o que foi buscado no profundo interno. Assim ela garante, de certa forma, que não se perca o que viera à luz da consciência e se tornara um novo aspecto do nível-contexto da experiência, ou até mesmo um novo nível alcançado pelo eu através do salto consciencial vivido.

## III – Fase transpessoal

A fase *transpessoal* é a fase da consciência maior, que vai além do pessoal, sem deixar de passar por ele. Instância onde se estabelece o "eu consciente". Wilber fala que após o eu centauro revela-se o Eu observador, ao que ele chamou de *Self*, mas que pode ser chamado de Testemunha, Presença pura. É o eu que vai direto a Deus, ao Espírito, direto ao Divino. Supõe-se um eu pessoal sadio, capaz de compreensão e percepções maiores, estruturado e capaz de se notar envolvido no Todo, com força de sustentar as manifestações da Consciência. Por ser a fase das experiências mais elaboradas e espirituais, é também a mais ampla, mas que precisa imprescindivelmente de uma boa estrutura das fases anteriores para que as experiências transcendentais sejam consistentes. Nesta fase a mente não se interessa mais por explicações. Ela busca primordialmente experiências de contemplação.

Há que se parar a mente para que apareça o Eu observador na sua íntegra. Seguindo o Eu observador é que se chega à sua origem: Ele mesmo é o Espírito, o Divino, pois há uma essência sutil que penetra toda a realidade. O Eu observador esteve presente desde o eu físico, mas Ele se revela mesmo a partir do eu centauro enquanto observador da integração mente e corpo.

Os estágios pertencentes à transpessoalidade são escadas ou níveis da revelação ascendente do Eu observador até a sua origem e morada, o Espírito Puro e Infinito. Por isso, a diferença de cada um dos estágios dessa fase é muito sutil.

O *psíquico*, o *sutil* e o *causal* ainda são estágios da consciência, os quais pertencem ao nível da *alma*; já o *não dual*, para Wilber, é um estado maior, que envolve e perpassa todos os anteriores, justamente por não haver mais dualidade. Vamos nos aproximar mais dessas faces sutis do eu.

## 7 O *eu* psíquico

A primeira fase da transpessoalidade é o que Wilber chamou de estágio *psíquico*. Pode ser considerado como a culminância da visão-lógica e da introvisão visionária. Ele a compara ao sexto Chakra do Yogue, o "terceiro olho", que assinala o início ou a abertura do desenvolvimento transcendental, transpessoal ou contemplativo: as capacidades cognitivas e perceptivas do indivíduo tornam-se tão pluralistas e universais que parecem "alcançar além" de qualquer âmbito puramente pessoal ou individual. O indivíduo começa a inspecionar sutilmente as capacidades cognitivas e perceptuais da mente e daí aprende a transcendê-las. É chamada por Aurobindo de "mente iluminada", os "estágios preliminares" da meditação[35].

É o período em que se experimenta a transição entre a mente ordinária – aquela da racionalidade, da sensorialidade e da afetividade – e àquela da transpessoalidade, do misticismo, da comunhão natural e da espiritualidade. Pode ter fenômenos paranormais. É o nível da contemplação, da percepção da interioridade dos seres, bem como da conexão entre todos eles. É a noção de tudo ter essencialmente algo em comum. Segundo Wilber, esse nível é o domínio da alma universal. O indivíduo observa e percebe que tudo é expressão natural do

---

35. WILBER, K. *Transformações da consciência*. Op. cit., p. 21-22.

espírito. É a experiência de misticismo natural, identificação com o mundo sensório-físico.

É o nível em que se reconhece o verdadeiro valor de todas as coisas, não segundo a ótica social ou cultural, mas a partir de sua consciência. Tudo tem importância a partir de seu valor intrínseco. Francisco de Assis chamava todas as criaturas de irmão ou irmã por ver nelas a manifestação essencial do espírito de Deus. Teilhard de Chardin falou na cristificação do universo, isto é, para ele, tudo revelava Cristo. A mente, quando iluminada, reconhece a luminosidade que há em tudo o que está agregado à Grande Luz.

No nível psíquico, facilmente, o indivíduo entra em contemplação de algo muito simples e através dele transcende os limites entre ele e aquilo que ele está a contemplar. Ele olha, por exemplo, para uma rosa, se encanta com ela e, sem demora, começa a estar de tal modo unido a ela que passa a sentir a noção dos seus espinhos, de seu perfume e de seu balanço ao vento. O indivíduo não perde a noção que tem de si, mas se "esquece" de si para estar naquilo que ele contempla. Ele consegue colocar-se na inteireza daquilo diante do qual ele se encontra. Nesse nível o ser humano percebe que as criaturas todas têm uma presença que lhes é própria. No ser de cada uma há o esplendor do Grande Ser que faz com que elas sejam o que são.

*A patologia do eu psíquico*

A essas alturas podem acontecer vários tipos de experiências. Aliás, nesse campo a experiência tem um pé no domínio denso, ordinário, pessoal, e outro no domínio transcendental. Podem-se encontrar diversas formas de expressão desses fenômenos, como: estados meditativos preliminares, vivências xamânicas, despertar espiritual, elevação da energia kundalini, re-vivência de traumas do passado, inclusive do nascimento, identificação com aspectos da natureza ou com toda ela. São todas experiências psíquicas que o despertar da cognição consegue perceber.

A patologia se revela nos conteúdos das próprias experiências vividas. Há experiências que espelham um grau transcendente de transpessoalidade e outras que são expressões de traumas pertinentes a estágios anteriores, pré-pessoais e inclusive pessoais. Por isso que a patologia é de ordem psíquica.

Em *Transformações da consciência* Wilber considera como "patologia psíquica" todas as crises espirituais de nível inferior que podem:

1) Despertar espontaneamente, de forma branda ou dramática e devastadora, inclusive em pessoas de um *self* de boa estrutura nas fases anteriores.

2) Penetrar qualquer dos níveis inferiores de desenvolvimento em período de *stress*, isto é, compreensões espirituais são acessadas através da mediação de um *self* de estruturas neurótica, limítrofe ou até psicótica (esquizofrênica).

3) Atrapalhar o iniciante no caminho da contemplação, como: (a) inflação psíquica (confusão dos reinos superiores com o ego individual); (b) desequilíbrio estrutural devido ao mau uso de técnicas espirituais; (c) noite escura da alma; (d) divisão de objetivos vitais, isto é, "me retiro para meditar ou permaneço no mundo?"; (e) pseudo-duhkha: manifestação sufocante da natureza penosa da existência; (f) distúrbios prânicos: mau direcionamento

da energia psíquica kundalini; (g) doença yóguica: a intensidade da energia psíquica sutil sobrecarrega os "circuitos inferiores", provocando no corpo desde alergias a problemas intestinais, cardíacos e, inclusive, câncer.

*Como tratar a patologia do eu psíquico*

Ken Wilber dividiu em três os níveis de consciências da transpessoalidade: psíquico, sutil e causal. Quis dizer que existem três dimensões diferentes de experiências da alma nesse âmbito transcendente e, consequentemente, três diferentes indivíduos fazendo tais experiências: o principiante, o iniciado e o avançado. Para cada um deles há um caminho diverso que está sendo feito: o caminho dos Yogues, o caminho dos Santos e o caminho dos Sábios. Ao mesmo tempo, para cada um desses estágios, como vimos, existe a possibilidade da patologia. No caso da patologia psíquica, para aquele que está no caminho dos Yogues, a proposta de tratamento é indicada da seguinte maneira:

1) Para o *despertar espontâneo*: ou o indivíduo suporta, com o acompanhamento de um psiquiatra convencional dosando com tratamento farmacêutico, se necessário, ou ele começa um caminho espiritual através da contemplação disciplinada. Se for o despertar da energia espiritual seguir o caminho com um mestre, em conjunto com um terapeuta convencional.

2) Para *episódios psicóticos misturados com conteúdos espirituais*: seguir a terapia junguiana que favorece os que têm um *self* frágil. São contraindicadas as disciplinas do caminho dos Yogues, dos Santos e dos Sábios, caminhos esses que exigiriam um *self* forte, tipo centauro, que o

psicótico e o limítrofe não têm. Podem começar um caminho meditativo mais brando após a construção de certa estrutura do *self*.

3) Para *principiantes*, nos casos de:

• *Inflação psíquica*: em caso de confusão dos conteúdos dos níveis superiores com aqueles de âmbito mais do ego individual, sugere-se que se faça a separação do fato psíquico das fantasias narcisísticas: desiludir positivamente. Caso contrário, a meditação deve ser interrompida e reconstruir a estrutura com terapia psicanalítica ou junguiana.

• *Desequilíbrio estrutural*: normalmente acontecem devido a uma prática meditativa errônea. Nesse caso sugere-se que se verifique com o professor de meditação. Eis a importância de que haja uma iniciação ao caminho meditativo.

• *Noite escura da alma*: ajuda muito, nesse caso, estudar, conhecer e compreender bem como os místicos clássicos superaram essa fase; ler, por exemplo, *A noite escura da alma*, de São João da Cruz; *O castelo interior*, de Teresa de Ávila; *Noites escuras da alma*, de Thomas Moore (mais recente).

• *Objetivos de vida dividida*: integrar oração e ação. É o que os monges fazem nos monastérios: *ora et labora*. Nesse processo faz-se o exercício de enraizamento: trazer para o real aquilo que é experimentado na sutileza. Exercer tarefas bem práticas, desde trabalhar na terra até servir os mais necessitados.

• *Pseudoduhkha*: nesses casos sugere-se parar a meditação e tratar a ansiedade e a depressão com terapias de revelação apropriadas para a reconstrução dos limites do *self*.

• *Distúrbios prânicos*: precisam ser tratados para que não se criem reais doenças psicossomáticas, uma vez que os sintomas são do tipo histriônico, inclusive com espasmos musculares, dores de cabeça e dificuldade de respirar. Os distúrbios prânicos são causados pela visualização e concentração impróprias, e normalmente acontece com aqueles que usam inadequadamente a energia psíquica desperta nesse estágio inicial do transpessoal. Tratar junto com um professor de meditação yogue e até com um médico, se preciso.

• *Doença yogue*: o melhor remédio é prevenir; portanto, fortalecer o corpo físico-emocional com exercícios, dietas alimentares, diminuir o café, o açúcar, a nicotina e as drogas sociais.

O primeiro passo de um caminho místico é o despertar da capacidade de conexão com o real e com o que de fato é o Real. Quando a alma começa a habituar-se a conectar-se com a essência de cada coisa e de cada criatura ela está às portas do verdadeiro encontro com Deus. Todo aquele que deseja adentrar-se na essência de tudo vai precisar antes de qualquer coisa entrar em si mesmo. Silenciar é o primeiro passo desse caminho, para depois aprender a meditar, sem se cansar de fazê-lo.

Para o caminho místico é preciso um intenso desejo e uma grande coragem. E seguir um bom mestre. Alguém em quem espelhar-se, mas também para não desistir facilmente. Um bom discípulo se conhece pela sua adesão a um bom mestre. Como ele não sabe quase nada do caminho, inicialmente ele tem mais a obedecer do que especular. Ele ainda não tem as medidas do caminho nem a dose certa do "remédio" para sua alma.

A esse ponto também cabe uma palavra ao leitor. Qual é o caminho que você está fazendo em direção ao seu eu mais sutil? Como é a expressão de sua espiritualidade e quais são os alimentos que você oferece à sua alma? Como é sua relação com a natureza e suas criaturas? O que você conhece realmente de seu eu essencial? Quais são os livros que você lê quando tira um tempo só pra você? Quanto silêncio você faz para estar consigo mesmo? Você tem o hábito de contemplar as realidades encontradas? Você é alguém que ainda se admira com a profundidade das coisas? Qual foi a última vez que você teve uma grande intuição da qual ainda hoje você se alimenta? Nunca se esqueça de que muitas fomes e sedes que temos e que nunca se saciam são fomes e sedes de nossa alma. É que a alma não se alimenta de comida nem de bebida e muito menos de afeto. A alma se alimenta de encantamento, de contemplação, de silêncio e de significados profundos.

Se lhe atrai muito o caminho da mística é porque você ama muito seu mistério. Então esse pode ser um sinal e um chamado do Grande Mistério a, quem sabe, empreender o caminho do coração. Só esse desejo já lhe faz muito distinto da maioria dos seres humanos dessa época da humanidade. Você já é alguém "estranho" para o mundo. Normalmente quem tem uma grande ligação com o mistério de si é também alguém que não suporta o barulho da grande cidade. Não gosta de ir a lugares de muitas pessoas. Não lhe aprazem as diversões competitivas. Não se interessa por filmes agressivos. Não é parceiro de uma alimentação demasiada. Não tem muitos amigos, mas tem amizades muito profundas. Não diz muitas palavras, mas pronuncia palavras cheias de sentido. Não tem muitas coisas materiais, mas usa delas para expressar valores e alcançar os desejos da alma. Não tem grandes ilusões, mas é criativo em buscar o que é realizável. Enfim, se você se enxerga assim, não pense que você é alguém esquisito. Muito pelo contrário, você tem uma alma muito aberta, sensível e ávida do Mistério. Você é quem decide o que vai fazer com ela. Almas assim, normalmente só se encontram empreendendo um caminho transpessoal. Os místicos das várias e diferentes filosofias e correntes religiosas são nossos grandes exemplos. Os últimos três estágios do eu só se compreende se olharmos para a vida deles. Somente eles podem nos dizer sobre as dores da alma nesses níveis mais sutis da alma, assim como sobre a intensidade da Luz que existe nesses patamares espirituais.

**8 O *eu* sutil**

É o campo da experiência da sutileza, propriamente dito. Conforme Wilber, "é o lugar dos verdadeiros arquétipos, do mundo das formas de Platão, dos sons sutis e iluminações audíveis, da introvisão e absorção transcendentais"[36]. Lugar dos êxtases transcendentes e *insights* maiores. Estado de amor e compaixão. É a mente intuitiva da verdade pura, sem nenhuma determinação da razão. Estado de consciência iluminada pelas verdades eternas[37]. Vai além do nível ordinário de vigília.

Aqui a consciência supera a experiência mística cósmica. Este é o espaço para o misticismo teísta, pois implica uma forma arquetípica pessoal de experimentar a união profunda com

---

36. Ibid.
37. BASSO, T. & PUSTILNIK, A. *Corporificando a consciência* – Teoria e prática da dinâmica energética do psiquismo. São Paulo: Instituto Cultural Dinâmica Energética do Psiquismo, 2000, p. 60.

Deus e a imensidão infinita. Dois místicos muito conhecidos que vibraram nesse nível de consciência foram Santa Teresa D'Ávila e São João da Cruz. Ambos descreveram o caminho da evolução da consciência através de metáforas familiares para a época da Idade Média. Teresa explica os níveis da consciência como um castelo de diversos compartimentos. João, por sua vez, fez uso da figura da montanha (Monte Carmelo) para mostrar a trajetória da alma que evolui dos estágios mais planos aos grandes picos da sutileza.

O grande passo entre o estágio anterior, da mística cósmica, e este da mística teísta é que, no anterior a consciência humana entra em contao com tudo aquilo que revela algo do Grande Espírito; aqui, ela atravessa os átrios do Espírito. Ela não mais se extasia com a beleza, a bondade, a verdade e o amor revelado pelas criaturas, mas se encanta com a origem e fonte de tudo isso. Ela não descansa até não encontrar o Belo, a Bondade, a Verdade e o Amor.

## A patologia do eu sutil

Por ser o lugar do misticismo deístico, o campo sutil envolve os mais sutis arquétipos universais, as estruturas superiores, que serão acessadas pelo indivíduo através de seu contexto pessoal interpretativo. Experiências desse nível podem ir – de sons e luminosidades interiores, formas e padrões arquetípicos, estado de amor e compaixão expansivos, luminosidade interior em uma experiência de quase morte –, até os estados patológicos de terror cósmico.

Por exemplo, a Grande Consciência ou a Divindade será acessada pela consciência individual de cada um através do contexto formativo pessoal, cultural, social, coletivo do indivíduo, e por vias que o possam conduzir ao mais sutil. O que dará forma à experiência vivida será o contexto pessoal do indivíduo, a maneira como ele interpreta o que experimenta. Isso significa que a Verdade está ali para ser acessada, mas como isso acontece, tem a ver com o buscador da verdade, suas crenças, seu paradigma, seu desejo, seu mundo. Dali também se organiza o significado daquilo que for experimentado.

Muitas pessoas têm experiências sutis de alma, mas se perdem entrando numa patologia, justamente, por não terem uma formação que contemple uma visão paradigmática que abarque o que fora vivido no seu significado mais profundo.

Nos níveis mais sutis da transpessoalidade são de suma importância as potencialidades organizadoras da experiência. Por isso, normalmente, as pessoas que cultivam atentamente a dimensão transpessoal que há em si têm maior probabilidade de crescer com todo tipo de experiência, pois se colocam perto dos instrumentos que facilitam o conferimento de sentido, que também espera sutileza, para a experiência vivida. Do contrário, tornam-se estranhas não somente as experiências vividas, como também os possíveis caminhos de interpretação que essas experiências exigem. Não se sabe nunca a hora em que a Grande Verdade irá se revelar no seu mistério mais profundo, cabe a quem a busca o grande desejo de encontrá-la e a atenção vigilante para poder reconhecê-la na hora certa de sua manifestação.

É preciso dizer que a patologia sutil ocorre mais em pessoas que meditam ou que seguem um caminho espiritual já a longo tempo. Algumas formas de patologias destacadas por Wilber para esse estágio são[38]:

---

38. WILBER, K. *Transformações da consciência.* Op. cit., p. 83-85.

1) *Deficiência na integração-identificação*: o Ser Divino é apreendido além da consciência mental psíquica. Com o aprofundar-se da meditação o *self* deixa de ancorar-se ao psíquico e se identifica com essa Presença Arquetípica, a qual vem junto com a noção de espaço infinito. Sente ser essa a sua essência. Depois de familiarizar-se com essa essência luminosa, se ele tiver dificuldade de perceber essa identidade pode instalar-se uma patologia da alma: a fratura entre o *self* e o Arquétipo. Com medo de morrer em seu estado mental-psíquico o *self* se contrai em seu próprio ser separado, fragmentando o próprio Arquétipo, mantendo assim a percepção dualista. Em vez de ser essa Presença, na meditação, ele a observa e se relaciona com ela dualisticamente. Dito de um jeito mais simples, para identificar-se com Deus e entrar em comunhão profunda com Ele o ego precisa morrer, e com medo de morrer o ego não se entrega, então não se desfaz a dualidade, a qual se torna a grande barreira da alma, isto é, a doença dela.

2) *Pseudonirvana*: a confusão das formas, iluminações, êxtases... com a liberação final ou com o ponto auge da consciência. Confundir a experiência com Deus, na forma como essa se expressa, como se fosse o máximo da comunhão total e profunda que a alma poderia alcançar.

3) *Pseudorrealização*: na medida em que a alma avança a estágios maiores, também experimenta um estado de realização profunda e passa a ter medo de qualquer conteúdo da consciência, pois isso a faz sofrer dores físicas extremas e grande mal-estar psíquico e mental. No entanto, nesse estágio místico, essa dor é própria do caminho, pois é a percepção da frugalidade da vida quando

separada do numinoso. Demorar-se nessa dor ou permanecer nela sem transcendê-la pode ser a grande patologia que a alma vai arrumar para si nesse estágio.

Os místicos são testemunhas dos diferentes níveis da consciência humana como também de que cada nível carrega seu êxtase e seu *pathos* (sofrimento) e, juntamente com isso, a possibilidade da fuga, de sair do eixo, do medo de perder-se na sutileza. Aquilo que é mais desejado é o mesmo que causa temor.

## Como tratar a patologia do eu sutil

1) *Fracasso na integração-identificação*: é como se a alma negasse o amor de Deus, com medo de se perder. Para desfazer essa contração do ego que se separa sugere-se a contemplação no nível sutil, aquela dos santos. É preciso ver a contração do ego, as resistências ao amor de Deus, para entrar nela e poder livrar-se do mecanismo do medo de perder a sensação de conforto garantida pela identificação com as aparentes seguranças do ego. Grande sinal de cura é quando o eu percebe a estrutura da doença, aí passa a compreender.

2) *Pseudonirvana*: a melhor forma de curar a doença da confusão das formas de expressão de Deus com a máxima União da Alma com Deus é ultrapassar as formas de expressões divinas experimentadas. Desapegar-se das formas para entrar no puramente Nada de Deus. Olhar para as várias formas de manifestação e deixá-las para trás é um bom exercício para a alma.

3) *Pseudorrealização*: a sugestão é que se intensifique a meditação, pois é preciso ultrapassar esse estágio o quanto antes, justamente para não se identificar com as dores

próprias desse estágio. Pode-se também buscar ajuda terapêutica com profissionais que tenham a espiritualidade como uma dimensão do ser humano. Meditação e terapia conjugadas é um bom caminho.

## 9 O *eu* causal

Por fim, o *causal*, considerado a fonte não manifesta ou o terreno transcendental de todas as estruturas menores. É o Abismo, o Vazio, o Sem Forma[39]. A Consciência da Unidade sem fronteira que tudo impregna. É a unidade suprema com o Ser Supremo[40]. Algo que nunca pode ser visto como objeto. Por isso é um Eu puramente Vazio, mas que se experimenta como preenchimento total, sem forma que se possa observar. Ele é o Eu Observador, o Testemunha. Algo que não é nenhuma sensação específica e sim a totalidade que observa tudo sem se identificar com nada objetivo. É a simples Presença Total. O ser que repousa no estado de Testemunha não vê nada de si mesmo, pois nada é objetivo. Há somente a unidade intrincada. Pois o Puro Observador não entra na ordem das coisas. Ele está fora do tempo, das formas, das previsões, de tudo o que tem começo e fim. Ele sempre é, nunca deixou de ser, por isso Ele é Eterno.

Ele é Causal, pois é a origem, o suporte ou a causa de tudo o que começa e termina, de todos os processos e formas.

É considerado o nível de consciência mais alto que alguém pode atingir. Nele dá-se o estado de unidade plena e altamente consciente, de modo que há uma consciência de

---

39. Ibid., p. 23.
40. BASSO, T. & PUSTILNIK, A. *Corporificando a consciência.* Op. cit., p. 62.

si e do divino sem que um se perca no outro. Justamente o contrário daquela unidade infantil, que por não ser consciente é sem fronteiras das individualidades entre a mãe e a massa do mundo[41].

## A patologia do eu causal

Como vimos, o nível causal e o nível último ou não dual envolvem diferenciação (causal) e integração final (último). Quando um dos dois falhar, segundo Wilber, aí acontece a patologia[42]:

1) *Falha na diferenciação*: incapacidade de aceitar a morte final do *self* arquetípico, fazendo com que a consciência se apegue a algum aspecto do reino manifesto, sem diferenciar-se dele ou sem transcendê-lo.

2) *Falha na integração*: a consciência consegue se diferenciar de todos os objetos da consciência sem deixar sequer que esses apareçam na consciência. Essa é uma meta, mas ao mesmo tempo há uma sutil separação entre o manifesto e o não manifesto. Só penetrando essa separação é que o reino manifesto irá apresentar-se como uma modificação da Consciência e não um desviar-se dela.

Por ser o último estágio em que ainda se faz necessária uma certa diferenciação e em que a integração não é a última, por a consciência estar ainda no reino da dualidade, um fio de distinção ainda é necessário e o nível de integração é quase que pleno, a ponto de estar no limite entre o dual e o não dual. A noção dessa dualidade e não dualidade é mínima; entrar nela, portanto, é crucial para não se perder.

---

41. Ibid.
42. WILBER, K. *Transformações da consciência*. Op. cit., p. 85-86.

## Como tratar a patologia do eu causal

*1) Fracasso na diferenciação*: segundo os místicos, nessa fase, em que o passo é entregar-se ao Todo Absoluto, diante do medo de se perder, o discípulo pode ser muito ajudado pelo Mestre. Este já está no coração ou no reino não manifesto do discípulo e, por sua vez, atrai o discípulo a si, que por medo ainda se encontra um tanto contraído no seu ego, mesmo que sutilmente. Numa entrega mútua de autoconfiança sem esforço, mestre e discípulo criam o momento de entrega e de caída desse último no vazio sem forma, o que, repetindo continuamente tal exercício, fará com que o discípulo aprenda a distanciar-se das modalidades contraídas de existir, entrando, assim, nos estágios tão desejados da iluminação.

*2) Fracasso na integração*: a doença existe quando nesse nível supremo da alma as formas e manifestações expressas ou arquetípicas são vistas como impurezas e não como formas de manifestação da Sabedoria Absoluta sem obstrução. Juntar as formas e o Vazio é o grande desafio para que a alma alcance seu estado superior supremo onde tudo é visto de modo simples e de grande sabedoria por tudo ser e parecer simplesmente como é. Esse é o grande desafio do Caminho do Sábio.

### 10 O *Eu* não dual

A última instância, que seria a essência ou a culminância de todos os níveis de consciência é o que Wilber chama de *Último* ou não dual. Tendo passado por todos os estágios, "a consciência re-desperta para sua permanência anterior e eterna como Espírito absoluto, radiante e penetrante, um e muitos, único e todo – a completa integração e identidade entre a Forma manifesta e a Ausência de Forma não manifestada"[43].

A diferença entre o não dual e o causal é que o eu causal é ainda um estado específico da consciência, ao passo que o eu não dual é condição de todos os estados. A consciência e o que ela mostra não são mais duas coisas como no causal. Não há mais ninguém observando nada, tudo simplesmente acontece num movimento espontâneo e de grande esplendor. É quando tudo é um só com tudo o que existe na multiplicidade de formas. Não existe mais a rosa e o observador dela. Só existe um sentimento, um único perfume, uma sensação inteira sem que se saiba se é da rosa ou de quem a observa. Não há mais dois. Só tem o Um.

A experiência não dual está sempre presente. Nunca houve um segundo de cessação dela, mesmo na consciência individual. Ela sempre está ali, pois é a única que garante a própria presença eterna. Só ela simplesmente é. Estar nela ou não depende só dela. E todo ser está nela, embora poucos e por poucas vezes, na consciência, entrem nos seus átrios na mesma condição dela.

A não dualidade é uma questão essencial ao se tratar da consciência, uma vez que a Consciência é Una. Quando alguém entra na experiência profunda da Consciência vai se perceber assim: uno na experiência única. Mesmo sem estar nela o indivíduo está nela. Apesar de ignorá-la, ele se encontra imerso nela ou ela nele. Quando a experiência for consciente, então, há a consciência de ser Consciência. E é isso que cura a dor da separatividade, origem da maioria das inconformidades humanas.

---

43. Ibid., p. 23.

A não dualidade pode se tornar um modo de viver. Isso é próprio dos místicos que fizeram o caminho da liberdade interior: permanecer na atitude fundamental de estar aberto a qualquer experiência que possa acontecer, no seu estado mais simples, na certeza de que qualquer que for a experiência será Um Momento da consciência única.

No entanto, não há de se esquecer que esse mundo material em que estamos inseridos não irá nunca abdicar da dualidade, isso é característico do mundo dos objetos, mas na medida em que o indivíduo for alcançando maiores graus de liberdade, a dualidade para ele será somente um jeito de manifestar-se da Consciência Única.

Esse caminho parece mais simples, mas é também árduo, pois não pode se perder o foco. Há que se viver aparentemente sem esforço, sabendo que em quaisquer que forem as circunstâncias a Consciência há de se manifestar, na sua mais profunda verdade, mesmo nas mais simples realidades. Esta seria a única busca e, talvez, o único esforço.

# PARTE V

## Turbulências da alma

*Alma...*
*...no Mistério em que te revelas há*
*movimentos que ninguém espera.*
*Marcados pelo desejo ou traídos pelo medo,*
*corremos buscando a Fonte, voando mares*
*ou fazendo pontes, ávidos de conhecimento*
*do grande segredo que carregamos dentro.*
*Tudo parece pouco, os tolos nos chamam*
*loucos, os sábios nos querem santos.*
*A mente fica confusa, os olhos derramam*
*prantos, o tempo não tem mais hora.*
*Quem sabe não chegue agora a morte de*
*quem não somos!*

# A sensação de ter perdido a alma

▬ ▬ ▬ ▬

Passando por todos esses estágios pode ser que o leitor foi se dando conta do percurso de sua alma obtendo uma visão, agora, diferente daquela que sempre teve de si mesmo. Observando cada passo do nosso eu que se desenvolve como consciência, não sei se você, estimado leitor, tem percebido que, a certa altura, parece que em nosso desenvolvimento houve um momento no qual entristecemos. Convido você a olhar bem de perto isso e com muita amorosidade. Não houve um tempo em que você era mais feliz do que hoje? E tenho quase certeza que não foi depois dos dez anos de vida. Queria tratar mais longamente sobre isso agora, depois de todas essas páginas, a meu ver, demasiadamente teóricas, embora necessário.

Até não muito tempo eram as religiões que diziam que nós viemos de Deus. Hoje, pela teoria dos campos morfogênicos da biologia, pelos dados da física quântica e pelo próprio modelo holográfico da física se constata que antes que um corpo se organize, antes que se forme um organismo houve um afeto que o engendrou e uma intencionalidade que o desejou. As experiências de regressão clínica inclusive nos mostram claramente isso. Como seres humanos, em nossa consciência, somos como que fractais da única e Grande Consciência. Isto é, por detrás de um grande desejo de grandeza e de oceanidade há uma experiência de quando éramos parte do grande Todo. Éramos consciência na Grande Consciência.

Quando aqui chegamos, ainda carregamos a noção da totalidade em nosso ser, mesmo que fisicamente tão miúdos. Tanto é verdade que aquilo que uma criança tem de menos é o corpo, pois o afeto dela é enorme e o espírito é imenso. Se observarmos bem de perto uma criança, ela é somente um ponto que se fixa no pequeno corpo que ela carrega, pois a sua presença denota uma grande presença, uma essência que vai além do corpo, alguém que parece estar aqui com as dimensões do céu.

Dificilmente vemos uma criança triste por alguma coisa que lhe aconteceu no mês passado, ou preocupada por algo que poderá lhe ocorrer no futuro. Se ela está chorando é por alguma coisa que lhe aconteceu agora, recentemente, ou por medo de alguma coisa que está para lhe acontecer em seguida. A criança está totalmente presente. Ela é o que é aqui e agora. A sua alma está inteira ali onde ela está e dali ela cria conexões com o que há ao seu redor, mesmo que ela não tenha ainda a consciência disso. Ela ainda conserva as "memórias" recentes de sua essência unitiva com o Todo. Aliás, tem saudade de algo que parece lhe estar fugindo da alma. Talvez seja essa, como já mencionei, a resistência que ela se impõe em ter de se diferenciar e individualizar.

Conta uma história que dois irmãozinhos, um de quatro anos e outro de seis, conversando entre si disseram: "Vamos perguntar para a mamãe se a gente pode comer do bolo que ela fez!" O mais novo disse: "Vamos, mas pergunta você que faz tempo que você conhece ela". Então o mais velho pensou: "Acho que ela não vai querer". Em seguida o mais novo falou: "Quem sabe, vamos rezar e pedir ao Papai do Céu que Ele faça com que mamãe deixe a gente comer o bolo". Então o mais velho disse: "Legal, vamos pedir sim ao Papai do Céu, mas agora vai você, que faz pouco tempo que você veio de lá". Essa historinha é maravilhosa para fazer-nos entender como houve um tempo em que também nós fomos assim tão inteiros, e por isso, felizes, que temos saudade daquele estado de alma então vivido. Podemos não nos lembrar dos fatos em si que nos aconteceram, mas lembramos sim de um estado de bem-aventurança que nunca mais temos experimentado com tão grande profundidade.

Então chegou a hora da pergunta crucial: O que foi que aconteceu que nos entristecemos? Sabe o que foi que realmente aconteceu? Houve um dia algum fato em que nos decepcionamos com a vida e com alguém muito querido para nós que também nos decepcionou extremamente. Naquele dia nós perdemos um pedaço da alma. Foi exatamente o instante em que nos damos conta de que a vida não é assim tão maravilhosa como a gente pensava que fosse e que as pessoas não são assim tão queridas como parecem. Pode ser num fato único e até traumático ou uma série de pequenos fatos com pessoas muito significativas que juntando todos esses momentos formaram uma grande e única ferida.

Podemos dizer que dali por diante é que começa a se estabelecer a ambiguidade no nosso ser e, consequentemente, o nascimento de um ego que se coloca no outro lado, fazendo dualidade com o eu essencial. Este também é, provavelmente, o momento do desencadeamento do processo sombrio do nosso ser. Nascendo o ego também nasce a sombra. Pois é ele que se encarrega de fazê-la existir e de protegê-la. Como assim? Com medo de se machucar novamente e com a angústia de se fragmentar diante da ameaça de abandono e de rejeição a criança aprendeu que não pode mais ser transparente e inteira onde ela estiver. Ela agora sabe que nem tudo o que ela é pode ser mostrado e não é diante de qualquer pessoa que ela pode mostrar o que ela realmente é. Ela pode ser roubada novamente na sua alma e perder mais um pedaço de sua alegre existência.

A partir daí instala-se uma grande mágoa no coração da criança que para algumas se torna tristeza desde cedo e que se expressará na lentidão em desenvolver-se, ou no medo de dar passos necessários, ou na raiva de estar passando por aqueles estágios da vida e ter de fazer múltiplas e insistentes atividades que se tornam extremamente cansativas e sem graça porque apesar de cumpri-las todas como lhes é exigido não lhe devolvem nem uma pequena centelha sequer de sua alma perdida.

Nessa ótica, o processo de individuação é uma necessidade para poder adaptar-se a esse mundo da dualidade, mas é castigo doloroso para aquele que recém chegou de um estado de total inteireza e plenitude. Por isso, cada estágio é um passo para a individuação, mas ao mesmo tempo são milhas mais distantes da inteira comunhão. Há um adaptar-se a esse mundo que tem o preço da dor do distanciamento do Grande Reino da Única Realidade.

Eis por que nos tornamos tão estranhos. Se nos adaptarmos demais a esse mundo dual acabamos por nos esquecer da unidade que já temos vivido e que agora está em nós somente como saudade ou desejo de retomá-la. Se permanecermos demasiadamente ligados a essa unidade essencial inicial acabamos por não sabermos nos reger nesse mundo dualista. No meio disso mora a angústia e a dor da vida que está presente em cada um dos estágios do desenvolvimento acima estudados. Aqui estão as patologias de cada um dos estágios. Depois da perda da alma, viver tornou-se uma luta e uma contínua busca. O grande desafio é saber, antes de tudo, o que estamos buscando, para em seguida conhecer o caminho certo para encontrar o que nossa alma mais precisa. Isto é, no momento em que perdemos um pedaço da alma, cada desejo, em cada um dos diferentes níveis do ser, não é nada mais nada menos do que uma busca, mesmo que inconsciente, do pedaço da alma que se perdeu.

A maior dificuldade nesse caminho é exatamente aquilo que se originou a partir dessa grande ferida: o ego. É ele que precisa antes de tudo ser desmascarado para que se veja o verdadeiro teor da busca. Do contrário qualquer busca, mesmo que no fundo seja do pedaço da alma perdida, na superfície aparece como uma série de desejos do ego que precisam ser avidamente saciados. Através desses desejos falsos o ego esconde o grande desejo, com medo de se desestruturar, pois ele sabe que na medida em que o indivíduo descobrir que o que ele precisa é buscar a alma perdida, o ego vai ter de se desmanchar em grande parte, pois o seu sustento é a ignorância da grande ferida. Uma vez curada a ferida, o ego vai ter de morrer.

No fundo, bem no fundo, as sombras são exatamente essas estratégias do ego para que não se veja o que está no âmago do nosso eu. Desse modo, descobrir as sombras e encará-las de frente é um caminho que nos leva à grande ferida que, uma vez descoberta, diminuirá infinitamente o poder das mesmas sombras. Pois no momento em que a ferida foi descoberta e o ego se desmascarar, as sombras perderão a razão de existirem, uma vez que elas eram as guardiãs que protegiam o ego da iminente fragmentação. Claro, ninguém consegue estar nesse mundo sem ego, ele é preciso pelo menos para a função de relação com o mundo, com as coisas e as alteridades. O que não pode acontecer é que identifiquemos o nosso ser com ele. Então ele não estará mais protegendo a ferida, mas monitorando no nosso eu mais profundo. Ele não se torna fim em si mesmo, e sim um grande aliado de nosso ser.

## A coragem de reencontrar a própria alma

No entanto, esse caminho de buscar de volta a alma, por mais que isso seja o grande desejo do ser, não necessariamente será uma tarefa fácil, porque a alma se acostumou e se adaptou ao fato de lhe faltar um pedaço. A maioria das pessoas está acostumada com um mínimo de satisfação na vida, pois reduzindo a vida conseguem controlar melhor aquilo que sobrou, na ilusão de não serem novamente subtraídas pela perda de mais uma porção de si. O processo de individuação se tornou também um jeito de controlar o mundo para que ele não nos sufoque. Facilmente nos acomodamos com o pouco que colhemos de nossas vivências, desde que não entremos novamente na dor da possibilidade de nos perder mais um pouco.

É inacreditável o número de pessoas que não desejam ter de volta o pedaço de sua alma perdida. Nas vivências terapêuticas a maioria das pessoas consegue detectar onde foi que perderam sua alma, mas não todas conseguem buscar de volta a parte da alma perdida. Não conseguem "convencer" a alma a retornar à sua inteireza. Como assim? Porque a dor da perda foi muito grande e o esforço de adaptação não foi menor.

Então surge a resistência em retornar à inteireza. É o medo da fragmentação novamente.

Para isso, o indivíduo vai precisar ser muito encorajado a fazer esse caminho do retorno. Passo por passo, tentando voltar ao começo, onde ainda não existia a ferida. Pois não há nada que possa preencher o buraco da alma a não ser unicamente o pedaço que lhe fora tirado. É preciso recordar-se de quando tudo era um. De quando não havia dois. De quando existia simplesmente o ser. De quando não tinha tempo e de quando não se contavam as tarefas. De quando havia um fluxo sem nenhum esforço. De quando a alma era inteira.

Há várias formas de voltar para lá. Uns vão por arrebatamento. Outros pelo exercício diário de reconhecer os passos dados. Outros através da perda de controle entrando em um surto aparentemente patológico. Outros, depois de algum fato grave que lhe tenha acontecido. Outros ainda, por intermédio da regressão imagética e emocional. Enfim, são inúmeras as maneiras de buscar de volta o caminho em que a alma se perdeu. Mas em todos eles será preciso ter coragem de se perder ou de perder o controle mental. Para encontrar a alma perdida há que se perder o controle da vida, na confiança de que só quando se perderem as certezas de que não nos perderemos mais é que poderemos nos entregar ao caminho que nos conduzirá ao verdadeiro encontro.

Por isso, quando falamos de um despertar espiritual não estamos entrando num âmbito novo para o ser, senão retornando ao nosso lar. Tudo aquilo que emerge em nós numa experiência profunda no nosso eu é mais propriamente um retorno do que o vislumbrar de algo novo para nossa alma. Como isso acontece é imprevisível. Em alguns acontece de modo inesperado e incompreensível, por terem pouca familiaridade com a própria alma e com suas feridas, talvez. Em outros, são experiências desejadas, mas por desconhecerem a profundeza da experiência também se debatem diante delas até encontrar o seu sentido verdadeiro e a luz que elas trazem para a compreensão do significado do próprio existir.

A partir desse momento, portanto, convido o leitor a entrar no tema das expressões da alma, que são emergências do eu mais profundo, das feridas e das luzes, dos movimentos que, por vezes, revelam o lado sadio e luminoso do ser, e por outras, os aspectos das sombras e da insanidade mental. O complexo inteiro de tudo isso revela também a inteireza do ser individual de quem está passando por ali. Faça esse caminho sem medo e sem preconceito, sem expectativa, mas com muita amorosidade, atento a qualquer intuição que lhe possa vir à tona lhe trazendo novas paisagens do grande vale de seu ser.

### Emergências Espirituais como emergências da alma

Nossa alma parece ter uma necessidade intrínseca de ser reconhecida por nós que a habitamos. A sensação é que se nós não a encontrarmos ela vai, mais cedo ou mais tarde, achar um jeito de se manifestar, inclusive através de maneiras um tanto estranhas e patológicas. Na verdade, há um chamado no mais profundo do eu humano que se reconheça a essência que carregamos desde a nossa origem. A meu ver, aquelas experiências que no mundo da psicologia transpessoal se chamou de "emergências espirituais", são essencialmente episódios de emergências da alma.

O termo "emergência espiritual" foi cunhado pelo psiquiatra Estanislav Grof. Em seu trabalho como terapeuta e pesquisador, percebeu que muitas pessoas que num primeiro momento eram diagnosticadas como tendo um surto de ordem psicótica, quando observadas mais de perto e sob uma ótica diferenciada, à luz de antigas tradições espirituais, chegava-se à conclusão de que estes estavam tendo mesmo uma crise de transformação de consciência ou experiências de ordem espiritual. Nos anos de 1980 Grof, juntamente com sua esposa Christina, fundou a Rede de Emergência Espiritual no intuito de formar monitores que auxiliassem os terapeutas a diagnosticar a diferença entre as experiências de cunho mais psicóticas associadas com práticas espirituais e experiências espirituais espontâneas.

No livro *A tempestuosa busca do ser*, o casal Grof, ao relatar as experiências vividas por eles e a maneira como ajudavam as pessoas a passar por isso, deixa uma definição do que ele entende realmente por emergências espirituais:

> As Emergências Espirituais podem ser definidas como estágios críticos e experimentalmente difíceis de uma transformação psicológica profunda que envolve todo o ser da pessoa. Tomam a forma de estados incomuns de consciência e envolvem emoções intensas, visões e outras alterações sensoriais, pensamentos incomuns, assim como várias manifestações físicas. Esses episódios, que normalmente giram em torno de assuntos espirituais, incluem sequências de morte e renascimento psicológico, experiências que parecem memórias de vidas passadas, sensações de união com o universo, encontro com diversos seres mitológicos e outros temas semelhantes[44].

---

44. GROF, S. & GROF, C. *A tempestuosa busca do ser*. São Paulo: Cultrix, 1989.

São vários os desencadeadores de uma crise transformacional. Pode ser um fator físico, como uma doença, um acidente ou uma operação, um esforço físico extremo, até mesmo uma experiência sexual intensa. No entanto, um dos mais importantes catalisadores de emergência espiritual, segundo esses autores, parece ser o envolvimento intenso com diversos exercícios espirituais e práticas meditativas, métodos de ativação de experiências espirituais, vividas tanto nas mais diferentes tradições religiosas e filosóficas orientais quanto na oração e contemplação monástica ocidental cristãs[45].

As formas de emergência espiritual também são diversas. E normalmente estão intimamente ligadas aos arquétipos mais familiares à vida e cultura da pessoa, e às vezes não. Umas formas são de expressão psicológica, outras ligadas a experiências místicas de consciência unitiva, outras ainda são experiências de morte próxima, de comunicação com espíritos, estados de possessão, experiências com vidas passadas, casos de ufologia, entre outros[46].

**O processo do despertar espiritual**

Roberto Assagioli, grande psiquiatra e terapeuta italiano (1888-1974) que desenvolveu um original sistema terapêutico transpessoal chamado psicossíntese, já dizia que "o desenvolvimento espiritual é uma longa e árdua jornada, uma aventura por estranhas terras plenas de surpresas, de alegrias e de belezas, de dificuldades e até de perigo. Envolve o despertar de po-

---

45. GROF, S. & GROF, C. Emergência espiritual – Para compreender a crise de evolução. In: GROF, S. & GROF, C. (orgs.). *Emergência espiritual* – Crise e transformação espiritual. São Paulo: Cultrix, 1989, p. 24-45.

46. Ibid.

tencialidades até então adormecidas, elevação da consciência a novos domínios, uma drástica transmutação dos elementos 'normais' da personalidade e um funcionamento no âmbito de uma nova dimensão interior"[47]. Para ele é necessário ter bem presente os distúrbios que podem surgir nos vários estágios do desenvolvimento espiritual. Ele nos dá as características descritivas de quatro estágios críticos desse processo:

### Crise que precede o despertar espiritual

Segundo Assagioli, as pessoas normais "deixam-se viver", sem se perguntar sobre o sentido daquilo que estão passando. Têm até uma prática religiosa, mas de um modo convencional e exterior. Vivem de um jeito extremamente sensorial e físico. Mas pode acontecer que determinado *homem normal* seja surpreendido e perturbado por alguma mudança, súbita ou gradual, de sua vida interior. Pode acontecer depois de uma série de desilusões, de uma perda emocional e afetiva de algum ser querido, ou pode vir do nada, sem motivo aparente. A mudança pode começar através de uma crescente sensação de insatisfação, de carência, da falta de algo sem saber bem o quê. A pessoa começa a se questionar sobre o sentido da vida, da origem de tudo, do sentido do sofrimento humano e das desigualdades sociais. Fica numa grande confusão e sem saber exatamente o que se passa, pensando até que possa estar passando por algum problema psicológico mais sério. Muitos passam por uma crise moral, entrando num forte sentimento de culpa, outros em questões de ânsia existencial metafísica.

---

47. ASSAGIOLI, R. Autorrealização e distúrbios psicológicos. In: GROF, S. & GROF, C. (orgs). *Emergência espiritual...* Op. cit., p. 47-66.

## Crises causadas pelo despertar espiritual

No momento em que se abre uma relação entre o eu e o Eu seguido de alegria e júbilo e uma sensação de luz e bênção, também desaparecem os sintomas distônicos precedentes e o indivíduo experimenta uma prodigiosa liberação. Esse é o sinal de que o sofrimento se tratava de um esforço espiritual.

Em alguns casos o indivíduo não consegue assimilar o influxo de luz e de energia que isso demanda. Ou por alguma falta de coordenação intelectual, ou de descontrole emocional e imaginativo, ou porque o sistema nervoso é muito sensível, ou quando o influxo intenso da energia espiritual for insuportável.

Em outros casos a incapacidade mental de suportar a iluminação ou a tendência à vaidade podem levar o indivíduo a uma interpretação errônea, resultando numa confusão de níveis: confunde a distinção entre o Eu e o eu, entre o Absoluto e o relativo, fazendo com que a energia espiritual que entra passe a inflar o ego pessoal.

É que a experiência interior do Eu espiritual leva o indivíduo a experimentar uma forte expansão do próprio eu, de universalidade, na firme convicção de participar da divindade. Diante disso ele precisa ficar bem ciente da distinção entre o Eu Absoluto e o próprio eu, entre a Verdade absoluta e aquela relativa, do contrário ele terá grandes problemas e sérias consequências.

Algumas pessoas no despertar espiritual têm descontrole emocional e começam a gritar, a chorar, a cantar, tornando-se extremamente eufóricas. Uns se põem a profetizar, considerando-se profetas, fundam novas seitas e se tornam proselitistas.

Outros têm o despertar de percepções parapsicológicas. Têm visões de terem sido exaltados, podem ouvir vozes, começam a escrever automaticamente aceitando as mensagens ao pé da letra e seguindo-as de maneira obcecada.

## Reações ao despertar espiritual

O despertar espiritual, segundo o psiquiatra Assagioli, quando interiormente harmonioso, caracteriza-se como sendo uma experiência de júbilo e iluminação mental que traz ao indivíduo uma compreensão profunda da vida e do seu sentido, fazendo dissipar as dúvidas e oferecendo profunda segurança interior. Ele se torna muito amoroso nas suas relações com as pessoas e com tudo o que está ao seu redor, revelando uma personalidade mais inteira e harmoniosa.

Com o passar do tempo, no entanto, esse estado de júbilo vai se acomodando e tudo passa a ter um ritmo normal como todas as coisas. Embora a personalidade seja transformada, ela nunca é uma transformação completa e permanente. Normalmente são três as formas de acomodação da consciência e da personalidade nos indivíduos que passaram pelo despertar espiritual:

1) A energia do Eu é tão forte e a personalidade do indivíduo é tão bem estruturada que é mantido o nível de organização interna gerada pelo processo, sem retroceder a estados precedentes. É o caso em que a pessoa é transformada profundamente pela experiência do despertar espiritual.

2) A energia do Eu não é tão forte e/ou a personalidade do indivíduo não é tão capaz de resposta que depois da experiência espiritual são poucos os aspectos da personalidade do indivíduo que mantém o nível de organização alcançado. Na medida em que o Eu deixa de emitir

energia a personalidade reverte ao estado precedente. No entanto, permanece a lembrança da experiência e essa se torna modelo para as buscas intencionais do indivíduo e caminho para o complemento da transformação iniciada na experiência do despertar.

3) A energia transmitida pelo Eu não é forte suficiente para forjar um nível superior de organização da personalidade no indivíduo. Normalmente a energia é absorvida por padrões ocultos da personalidade em que o indivíduo aprende a lidar com a experiência, impedindo uma organização superior. Na maioria das vezes a experiência é vivida de forma dolorosa, embora, como nos casos anteriores, sirva de modelo para o indivíduo alcançar os passos desejados.

A vivência do despertar espiritual deixa no indivíduo uma clara noção de que existe outro estado de consciência mais amplo e abrangente que pode ser desejado e alcançado pela alma através de diferentes exercícios de busca. Muitas vezes a alma que foi tocada pela luz intensa do Eu superior, no momento em que a energia transpessoal se retira, sofre imensamente e de modos e razões bem diferentes. Uns padecem a dor da culpa e da cobrança de si mesmos de erros vividos no passado, pelo fato de agora verem de modo diferente. Em outros, despertam-se mais fortemente as energias ocultas, impulsos inferiores que estavam adormecidos no inconsciente e se tornam severos consigo mesmos, uma vez que a alma conheceu a profundidade da verdade. Alguns chegam a achar que se tornaram piores do que antes ou inclusive negam de ter vivido tais experiências. No entanto, pelo fato de terem alcançado a beleza da alma e sem poder voltar ao estado de cegueira anterior, passam a sofrer de "saudade do divino", muitas vezes entrando em estado de profunda melancolia e desespero, com sintomas de real patologia psicótica. Mas o que os distingue realmente de alguém em estado de patologia é o fato de eles terem passado por algo profundamente espiritual. E aqui se trata fundamentalmente de uma "noite escura da alma", como nos tem bem ilustrado o místico espanhol São João da Cruz.

É que uma vez deixada se iluminar pela luz infinita do grande Eu, a alma vê a si mesma como realmente é, com sua luminosidade e impurezas, e passa a enfrentar o processo laborioso de purificação de tudo aquilo que não se coaduna com aquilo que ela experimentou no topo da montanha.

Assagioli sugere que o modo correto de lidar com alguém que padece dessa crise é ajudá-lo a compreender o processo e o significado dessa dor da alma, mostrando-lhe que é natural, para quem subiu a montanha, sofrer a dor própria de ter de andar na monotonia da planície.

## Os passos do processo de transmutação

O processo de complementação da experiência que começou com o despertar espiritual é árduo e longo. Trata-se de um caminho artesanal da alma que consiste na remoção dos obstáculos que impedem a manifestação do fluxo da energia do Eu superior, desenvolver as funções superiores ainda não acordadas e permitir que o Mistério do Eu superior venha do modo que ele quiser. É um caminho entre luzes e trevas, entre alegrias e tristezas, passo por passo, feito aonde ele estiver, cumprindo sua existência.

Aos poucos tudo vai tomando um centro. O indivíduo passa a encontrar o gosto de viver e conferir sentido ao que lhe acontece provando os frutos de uma personalidade mais coesa e coerente internamente, com maior capacidade de solidão e alegria. As energias tornam-se mais focadas, fazendo com que sua existência seja mais objetiva e criativa, indo naturalmente para a periferia todos os interesses que não condizem com a intencionalidade fundamental da alma.

Não é raro, no entanto, encontrar pessoas que sofrem muito para se adaptar à vida de cada dia, parecendo não ter suficientemente força para lidar com atividades práticas como antes. Não conseguem levar a vida de forma conjunta no seu aspecto dual de passividade e atividade, de contemplação e ação. Esse estágio passa na medida em que a pessoa aprende a contornar e a unificar sua tarefa dual.

Um pouco mais difícil é quando a pessoa se ausenta muito das tarefas práticas permanecendo demasiadamente consigo mesma numa atitude excessivamente introvertida ou quando ela não é capaz de lidar com os aspectos negativos de si mesma, revelados pela experiência espiritual, refugiando-se em fantasias de fuga ao invés de transpassá-los. Quando isso acontece de modo persistente pode gerar problemas psicológicos e emocionais, como também físicos. Outros aspectos das dificuldades que podem impedir o cumprimento do processo de transmutação é a inibição excessiva dos impulsos agressivos e sexuais, considerando-os como "ruins" ou "pecaminosos", o que pode resultar em atitude de rigidez ou permissividade extrema com relação a esses impulsos.

Segundo Assagioli, a solução está no caminho de integração harmoniosa destes sentimentos e impulsos, inicialmente aceitando-os e posteriormente redirecionando-os. "A realização dessa integração pode ser bastante facilitada pela ativação de funções supraconscientes e pelo direcionamento deliberado para o Eu Transpessoal. Esses interesses mais amplos e de natureza superior *agem como um ímã, que atrai para cima a 'libido' ou energia psíquica* investida nos impulsos 'inferiores'"[48].

Com certeza, os sintomas do despertar espiritual, embora sejam comuns para todos aqueles que passam por essa experiência, é preciso dizer que cada história tem sua história. Cada indivíduo vive a mesma experiência de um jeito todo pessoal e particular. Talvez o grande problema nem seja esse realmente, mas o de fazer uma cuidadosa distinção entre um surto de ordem psicótica e um verdadeiro processo de despertar espiritual.

**Patologias ou sombras que sufocam a alma?**

Numa emergência espiritual podem revelar-se conteúdos das mais diversas categorias. As dores brandas que nos acompanham cada dia, mesmo que por longo tempo, nem se comparam com as dores de uma alma envolvida numa noite que se confunde com uma psicose e que parece não ter fim. É quando a fragilidade psíquica é atingida pela tempestade devastadora proveniente dos porões do inconsciente, de maneira súbita e desenfreada. Como diz o psiquiatra escocês R.D. Laing, numa experiência dessa, "a pessoa é jogada num vazio de não ser no qual afunda. Não há em que se apoiar, nada a que se apegar, exceto, talvez, alguns fragmentos do naufrágio, umas quantas lembranças, uns poucos nomes, alguns sons, um ou dois objetos, que mantêm um vínculo com um mundo há muito perdido"[49].

---

48. Ibid., p. 63.

49. LAING, R.D. A relação entre a experiência transcendental, a religião e a psicose. In: GROF, S. & GROF, C. (orgs). *Emergência espiritual...* Op. cit., p. 72.

Há quem passe por esse túnel de maneira enriquecedora, embora não menos dolorosa. No entanto, para alguns, o fim do túnel é o começo de uma grande confusão, e de tamanho tal que o indivíduo inclusive pode perder a noção total de si e do mundo. Os velhos propósitos parecem deixar de ser viáveis, o que antes era cheio de sentido perde o seu valor, os pensamentos, sentimentos, imagens, realidades do mundo exterior têm outra conotação, bem diferente daquela conhecida. É o sufoco da alma. A loucura exposta. Acabam-se os contornos. É a mistura dos mistérios de dentro e de fora, do eu e do Eu, do finito e do infinito. O tempo não conta mais. A única realidade que existe é o Eterno.

Para a grande maioria não há propriamente um retorno. Os que retornam não serão mais os mesmos, como é o caso da maioria dos místicos. Outros conseguem voltar uma parte do caminho e permanecem numa contínua liminalidade, nem dentro e nem fora. Perderam a memória do caminho inteiro, da origem e do fim, e acabam em permanecer em qualquer lugar do caminho que se chama vazio.

Na verdade, não há muita diferença entre o místico que teve sua vida transmutada a partir de uma forte experiência espiritual e o louco que se perdeu na oceanidade da mesma experiência. Os dois foram arrebatados pela tempestade do Mistério e jogados em algum "lugar" extremamente desconhecido, embora desejado. A única diferença entre os dois, talvez, é que o místico – pela estrutura de seu eu e pelos arquétipos internos os quais ele mantém como chaves de leitura de suas experiências –, aos poucos foi percebendo o sentido da experiência e encontrando o caminho da volta, pouco a pouco organizando o seu caos, ao passo que o louco, pode até ter reconhecido o teor da experiência, mas por seu tipo de estrutura interna e arquetípica não favoráveis, não tem mais encontrado o caminho do retorno ou preferiu permanecer sem caminho. De certo modo, faz uma "opção": entre reestruturar-se e retomar o caminho do cotidiano, padecendo a dor da ânsia da separação novamente, ele decidiu permanecer no topo da montanha. O grande problema disso é que sem pisar o chão da planície onde se organizam os significados ele nem mesmo vai poder compreender a intensidade e a profundidade de quem ele é depois dessa experiência. O que sobra é uma dissociação total. Como diz Laing, "a loucura não precisa ser apenas um colapso; ela é também ruptura. Ela é potencialmente, tanto libertação e renovação como cativeiro e morte existencial"[50].

Chesterton, em seu livro clássico chamado *Ortodoxia*, publicado em 1909 e reeditado após seu centenário, faz a pergunta: Quem disse que a esquizofrenia é uma doença? E ele mesmo responde: ela é somente outra dialética, outro modo de responder à realidade sem passar pela ânsia de ter de conferir significado ao existir. Em outras palavras, o esquizofrênico é louco e não doente. Pois a loucura é somente um jeito de se desviar da rota do real.

Por isso, sob outra ótica, quem mesmo sofre a dor de ter tido a consciência arrebatada é somente aquele que voltou da viagem do infinito. Aquele que depois de ter experimentado a não dualidade vai ter de retomá-la e permanecer nela sem saber até quando, mantendo vivo o desejo de que o anjo volte e o arrebate outra vez, ou com medo que se repita, temendo já a dor de ter de voltar novamente.

---

50. Ibid.

É bem verdade, portanto, que aquele que se encontra com o Mistério vai ter de lutar para reorganizar o seu próprio mistério sob a ótica do Grande Mistério que ele pode acessar. Daí em diante o mistério de sua vida só terá sentido mantendo uma contínua relação com o que ele experimentou. A melhor forma de elaboração dessa experiência se mostrará quando ele pode se perder e novamente se encontrar, entrar e sair, ir e voltar, ampliar e enraizar, enfim, emergir e imergir. Assim, não haverá mais nem rigidez nem perdição, o que há agora é uma mútua relação de unitividade. Por horas isso é fluente e harmoniosamente agradável; por outras, é preciso fortaleza, pois para quem experimentou a intensidade da luz no seu mais forte brilho, também vai conhecer a mais negra escuridão da alma nas noites do próprio mistério. Só quem desceu nos porões escuros da alma poderá renascer para os mais altos cumes de seu ser. Maior a alma, tamanha a dor e, talvez, tamanho o amor.

# PARTE VI

## Anjos da alma

*Alma...
...és tão sagrada! Cuidem teus anjos de quem esqueceu o caminho certo do próprio eu. Que não falte nada a quem se perdeu, para poder reencontrar o que era seu.
Seja reconduzido pelos guardiões, ao que mais deseja o seu coração. Que aos anjos não cessem os dons, ao peregrino a divina unção, de prosseguir o caminho sagrado com muitos outros trilhando ao seu lado, todos cumprindo a própria verdade, ardendo no peito a unitividade.*

# A arte de ajudar a reencontrar o caminho da alma

▬ ▬ ▬ ▬

São muitas as pessoas que atualmente estão em busca de ajuda para sua alma. Umas estão bem no início de uma grande insatisfação existencial. Outras são instigadas a procurar saídas para suas doenças psíquicas depois de terem se tratado por vários anos através da psiquiatria farmacológica ou dos vários métodos terapêuticos da psicologia clássica. Outras ainda, depois de terem passado um bom tempo frequentando filosofias e ritos religiosos, se cansaram e saíram em busca de soluções alternativas, longe da religião e da ciência.

Todo tipo de ajuda é sempre nobre quando feito na medida do coração. E toda pessoa que tem uma boa área de saúde vai ter mais facilidade de aproveitar alguma coisa de cada tipo de ajuda que ela tem encontrado. A grande questão é que nós não temos ainda uma cultura de autocuidado. A maioria das pessoas busca ajuda no momento em que não consegue mais suportar o processo de sofrimento ou que não sabe mais o que fazer com sua maneira cansada de levar a vida.

Além do mais, muitos profissionais da saúde têm um belo currículo na área em que atuam, mas poucos se conhecem na própria interioridade. Eles mesmos têm a alma doente, na maioria das vezes. Não se conhecendo, também não conseguem ter a noção inteira da saúde ou da doença de seus pacientes. Por se enxergarem pouco ou de modo fragmentado, assim também enxergam os outros que lhe vêm ao encontro buscando ajuda. Que bom que podem ajudar até onde podem, pelo menos.

Para ajudar as pessoas a encontrarem o caminho da alma é preciso conhecer a própria alma, pelo menos uma boa parte dela. Para conseguir orientar no caminho das sombras se faz necessário conhecer as próprias sombras. Aquele que ajuda é sempre alguém que também está no caminho de cuidado de sua própria alma e que inclusive saiba o propósito de sua alma neste mundo. Pois ajudar alguém é basicamente oferecer luzes para que essa pessoa descubra o grande propósito de sua alma e com coragem empreenda esse caminho permanecendo aberto a toda forma de manifestação de seu ser.

Por isso, existem diferentes formas de ajudar. A maioria ainda é em forma de emergência. Na última hora tudo se resolve. No entanto, o modo mais eficaz de ajudar é permanecer do lado de quem caminha com as próprias pernas. Quando a ajuda é emergencial, a pessoa não está mais conseguindo caminhar por si mesma. É uma condição de sobrevivência. Por isso que nas tradições e filosofias antigas o caminho do discípulo começa bem cedo. Ele aprende do lado de quem já fez o caminho. Assim vai assimilando um jeito de viver que num primeiro momento é inspirado no mestre, mas aos poucos vai encarnando um modo próprio de seguir o caminho de sua alma.

Na sociedade ocidental não há essa prática da iniciação e do processo de crescimento acompanhado. A não ser nas religiões e em algumas filosofias. Mas o ser humano comum não sabe o que é isso. Cresce respondendo às demandas sociais de uma cultura extremamente materialista, reforçando um ego à base de aparentes conquistas e realizações. No entanto, com o passar do tempo vai percebendo uma grande insatisfação habitando o próprio peito, que por vezes se manifesta com roupagem psicológica, outras em forma de doença física, mas que, no mais profundo, é um grito espiritual da alma pedindo Presença.

Visto sob essa ótica, poderíamos dizer que aquilo que chamamos de loucura ou até de emergência espiritual também tem sua raiz, muitas vezes nesse modo cultural de viver. Os surtos de bipolaridade e esquizofrenia, os estados narcisistas e o *borderline*, estão enraizados na maioria das vezes nessa forma estressante e ansiosa de viver, gerados por uma sociedade baseada exacerbadamente sobre o ego, tornando-se cega, consequentemente aos anseios mais profundos do eu.

Portanto, não se questiona a importância de profissionais de ajuda, tanto da ciência quanto das filosofias e tradições sapienciais. Mas é preciso que se olhe com óculos multifocais, no intuito de ver a inteireza do indivíduo. Por isso, ciência e sabedoria devem andar juntas. Pode ser de muita valia olhar para as antigas tradições e colher delas as experiências do caminho feito através de estradas milenares. Há que se entender que saúde é uma questão de noção de inteireza de si e que a doença é muitas vezes expressão de fragmentação no modo de se observar e, consequentemente, de viver.

Toda forma de ajuda terapêutica ou espiritual é um trabalho árduo no intuito de libertar a energia dinâmica existente na alma do indivíduo a caminho. Como diz John Weir Perry, essa energia deve ser livrada da sufocação de formas antigas, padrões emocionais familiares, pressupostos sobre a natureza do mundo e da vida, valores que devem ser revisados à luz de novas intuições, condicionamentos culturais e subculturais[51]. Não deixa de ser um exercício de purificação da alma, liberando toda a força que o espírito tem de tornar essa alma altamente criativa, sua característica original.

Na via da espiritualidade existem duas formas fundamentais de despertar a alma e duas maneiras, portanto, de ajudar a alma de quem está em busca. Há os que são despertos por meio de arrebatamentos instantâneos e tempestuosos, como são os que têm episódios de emergência espiritual. Para esses é preciso ter um cuidado diferenciado e uma pedagogia também muito particular. E há os que desejam ser ajudados na medida em que decidiram empreender um caminho de descoberta da alma, sob a luz do sopro do Espírito que os tem desperto para o desejo de autobusca.

**A ajuda num episódio de emergência espiritual**

O cuidado para os que tiveram episódios de emergência espiritual envolve uma estrutura maior e com estratégias bem objetivas. Assim como fizeram Stanislav Grof e Christina Grof, nos anos de 1980, criando a Rede de Emergência Espiritual, John Weir Perry, a Diabasis, nos anos de 1970, e muitos outros terapeutas transpessoais, é importante que se continue tendo centros com essa finalidade e com profissionais capacitados, para que se faça, antes de tudo, um diagnóstico bem acurado e que a ajuda seja também muito especializada. Mas,

---

51. PERRY, J.W. Emergência espiritual e renovação. In: GROF, S. & GROF, C. (orgs). *Emergência espiritual...*, p. 85.

como dissemos, só o conhecimento acadêmico não é suficiente. Claro que esse é necessário, sem dúvida, mas as pessoas que ajudam precisam ser de elevada qualidade humana. Como salientou Perry: "a seleção do pessoal da Diabasis (comunidade terapêutica) se afastava dos critérios comuns de avaliação e tinha como base qualidades pessoais... Os atributos procurados eram a receptividade, o respeito pelo estado mental tão diferente da outra pessoa e, em especial, a compreensão da necessidade de ter a sutil qualidade da permissão não intrusiva de liberdade, aliada à experiência de "estar presente" de alguma maneira, mesmo que fosse através da terapia"[52].

## Distinguindo experiências espirituais e patologias psíquicas

Já vimos como é difícil diferenciar uma experiência espiritual de sintomas psicóticos e dissociativos. Por isso é de vital importância ter critérios de diferenciação desses processos. Temos trabalhado isso de modo geral, anteriormente, ao tratarmos do desenvolvimento humano e seus estágios, particularmente nos níveis transpessoais do eu. Mas aqui nos interessa compreender essas diferenças de uma maneira mais clara, para que possamos também nos compreender melhor e ajudar as pessoas a fazerem o mesmo.

Há um belíssimo trabalho de Adair de Menezes Júnior e Alexander Moreira-Almeida que nos pode auxiliar muito nessa tarefa[53]. Esses autores reuniram uma série de estudos

---

52. Ibid., p. 92.

53. MENEZES JUNIOR, A. & MOREIRA-ALMEIDA, A. O diagnóstico diferencial entre experiências espirituais e transtornos mentais de conteúdo religioso. In: *Revista de Psiquiatria Clínica*, 36 (2), 2009, p. 75-82.

de diferentes pesquisadores como Grof e Grof, Greenberg e Witztum, Lukoff, Buckley, Lewis, Beng-Yeong, Sims, e vários outros, e elencaram uma ordem de critérios para diferenciar os sintomas de tais experiências:

- **Ausência de sofrimento psicológico**

Embora o sofrimento tenha ligação com doença, não se pode esquecer que o despertar espiritual pode vir acompanhado de sofrimento pessoal que será superado na medida em que o indivíduo compreender a experiência e aprender a controlá-la. Em alguns casos o uso de medicamento e da psicoterapia tem ajudado muito os indivíduos a retomarem sua vida.

- **Ausência de prejuízos sociais e ocupacionais**

Um indivíduo de boa saúde psicológica tem boa capacidade de gerenciamento das relações sociais, familiares, afetivas e ocupacionais. No entanto, alguns indivíduos que tiveram experiências místicas podem se sentir desajustados por um tempo em relação à sua vida cotidiana, enquanto não encontrarem o caminho do equilíbrio saudável da experiência.

- **A experiência tem duração curta e ocorre temporariamente**

Normalmente, uma pessoa saudável que passa por uma vivência espiritual logo retorna ao seu estado habitual de consciência e suas atividades cotidianas, inclusive com maior força vital e consciencial. Esse é um bom critério de diferenciação.

- **Existe uma atitude crítica sobre a realidade objetiva da experiência**

A pessoa que passa por uma experiência espiritual saudável aprende da experiência, reflete sobre o sentido dela e busca compreendê-la no seu mais profundo sentido.

- **Existe compatibilidade da experiência com algum grupo cultural ou religioso**

Quando a experiência é vivida de modo saudável existe a compatibilidade com algum grupo cultural ou religioso e a pertença do indivíduo a um grupo desses dá legitimidade à experiência. Isto é, os pertencentes ao grupo compreendem o que se passa com o indivíduo.

- **Ausência de comorbidades**[54]

A psicopatologia é percebida tanto no comportamento do indivíduo quanto nas suas experiências interiores subjetivas, manifestando-se em todos os âmbitos da sua vida, compondo um histórico de vida compatível com um transtorno mental. Quanto mais evidente a patologia, mais probabilidade de se tratar de um transtorno mental.

---

54. Comorbidade acontece quando duas ou mais doenças estão etiologicamente relacionadas. "O termo comorbidade é formado pelo prefixo latino *cum*, que significa contiguidade, correlação, companhia, e pela palavra morbidade, originada de *morbus*, que designa estado patológico ou doença. Assim, deve ser utilizado apenas para descrever a coexistência de transtornos ou doenças, e não de sintomas... Para haver comorbidade é importante a relação e a continuidade temporal entre os dois transtornos, que podem surgir simultaneamente ou um preceder o outro" (*Revista Brasileira de Psiquiatria*, vol. 23, supl. 2, out./2001).

- **A experiência é controlada**

Um eu bem inteiro não somente garante um bom funcionamento pessoal e social como também sabe controlar e organizar as experiências de cunho espiritual e místico. Facilmente se encontra pessoas que são atraídas por um caminho espiritual de uma personalidade *borderline* ou narcisista, as quais facilmente terão falsas experiências de iluminação.

- **A experiência gera crescimento pessoal**

Experiências espirituais geram crescimento pessoal onde a vida do indivíduo vai organizando-se em torno de um centro, tornando-o mais inteiro, ao passo que uma experiência patológica fragmenta mais ainda a vida do indivíduo expondo ainda mais suas dificuldades psíquicas. Esse também é um bom critério de diagnóstico.

- **A experiência é voltada para os outros**

Quando o indivíduo volta-se mais facilmente para os outros é bem provável que se trata de uma experiência espiritual e consequentemente mais saudável, ao passo que quanto mais egocêntrico se tornar, mais facilmente se perderá em seu mundo delirante.

**A presença de um guia**

Para quem está passando por uma experiência de despertar espiritual, Roberto Assagioli considera de grande importância a presença de um guia, particularmente no estágio da transmutação. Sua tarefa principal nesse estágio é[55]:

- Esclarecer o indivíduo sobre *o que de fato acontece* dentro dele e ajudá-lo a encontrar a *atitude correta*.

- Ensiná-lo a *controlar sabiamente e dominar, mediante o uso habilidoso da vontade, os impulsos* vindos do inconsciente, sem reprimi-los por meio do medo ou da condenação.

- Ensinar-lhe as técnicas de *transmutação e sublimação* de energias agressivas e sexuais. Essas técnicas são a solução mais eficaz e construtiva de muitos conflitos psicológicos.

- Ajudá-lo *no reconhecimento e na assimilação* apropriados do influxo de energias do Eu e dos níveis supraconscientes.

- Ajudá-lo a *expressar e a usar essas energias no amor e no serviço aos outros*. Isso tem especial validade no combate à tendência de introversão e de autocentração excessivas que costumam manifestar-se nesse e em outros estágios do autodesenvolvimento.

- Guiá-lo pelas várias fases de *reconstrução de sua personalidade em torno de um centro interior superior*, ou seja, na realização de sua psicossíntese espiritual.

No centro de toda atividade de ajuda está o grande propósito de um serviço amoroso de auxiliar o indivíduo a retornar ao seu eu. O sucesso disso depende muito da pessoa que está fazendo a experiência, mas tem uma grande parcela

---

55. ASSAGIOLI, R. Autorrealização e distúrbios psicológicos. Op. cit., p. 65-66.

de importância a presença do guia, enquanto alguém que já passou por ali e possui, portanto, a serenidade e a firmeza, a paciência e a objetividade, e uma grande presença de espírito para conhecer de perto os passos que estão sendo dados ou não pelo indivíduo que está em processo. E assim se cumpre um caminho sagrado de duas pessoas que vão para a mesma direção, somente em condições diferentes, pelo menos no momento. Sobre isso Perry ainda nos diz, falando da importância de uma comunidade de ajuda: "no estado de excitação elevada em que o inconsciente arquetípico é energizado e ativado, a psique realiza autonomamente o seu trabalho à sua maneira. Para isso ela não precisa de "tratamento", mas de um relacionamento íntimo e profundo com outra pessoa que mostre simpatia e a encoraje sem interferir"[56].

## A ajuda no caminho espiritual passo por passo

Para se ter um despertar espiritual não se faz necessária uma experiência do tipo emergência espiritual. O caminho pode ser feito passo por passo. O itinerário não importa muito, importa sim o tamanho do desejo e a capacidade intuitiva de autopercepção. O objetivo é o mesmo: purificar a alma das amarras pessoais e culturais para que o espírito possa ser livre e atuar nessa pessoa com toda liberdade a fim de que sua alma cumpra o seu grande propósito.

No entanto, o caminho é o mesmo. A diferença está no modo de fazer. Passo por passo significa uma atividade contínua num movimento espiralado e ascendente. Nesse método, o eu aparentemente não se perde, pois ele não vai para mundos

---

56. PERRY, J.W. *Emergência espiritual e renovação*. Op. cit., p. 93.

que ele não conhece ou não domina. O perigo está exatamente nisso: para não se perder o eu pode não se arvorar tanto. E então facilmente fica numa dinâmica conhecida e repetitiva. É o grande problema dos fiéis da maioria das religiões que, apesar de frequentarem assiduamente aos ritos e seguirem os ensinamentos pregados pelos seus fundadores, continuam no mesmo nível de consciência, sem dar passos mais profundos. Porque, na verdade, para encontrar-se em algo novo é preciso perder uma parte do que é velho. E isso causa medo e desconforto. A consequência disso é o fortalecimento do ego e o empobrecimento do eu. Onde não há um certo desconforto não há entrega, e sem uma entrega confiante não há mudança.

É exatamente por isso que um itinerário espiritual precisa passar pelo mundo das sombras. Sem entrar nelas não há redenção. Sem a percepção profunda do eu e de seus conteúdos e dinâmicas mais obscuros dificilmente haverá crescimento. O caminho espiritual é muito árduo, pois a tendência humana é aquela de acomodar-se ao mundo conhecido de si mesmo, evitando tudo aquilo que pode gerar risco de perdição. O ego, aquilo que pensamos de nós mesmos, gasta muita energia para manter sua aparente integridade. Qualquer ameaça é apavorante para ele.

O caminho de enfrentamento das sombras é árduo exatamente por isso. O ego vive em constante vigilância para que não apareça a sua fragilidade e o seu mundo conflitante que, embora ele possa saber, prefere ignorar.

Existem vários modos de empreender um caminho de crescimento espiritual. O ideal é que esse processo seja integral, que ele envolva os anseios mais profundos da alma, assim como todas as tramas psíquicas que impedem o revelar-se da mesma de modo livre e íntegro. Pelo certo, toda terapia deveria conduzir à alma e todo serviço de ajuda à alma deveria conduzir ao mundo dos afetos e das emoções ainda não integrados. Como disse Santo Agostinho, o homem precisa primeiro ser restituído a si mesmo, entregue ao seu autodomínio para depois se elevar até Deus. Quando esse caminho for feito de uma forma abrangente, todas as potencialidades, tanto aquelas humanas emocionais e mentais como aquelas espirituais serão desenvolvidas e convergirão para o crescimento inteiro do ser presente em sua alma.

Um caminho espiritual que tem como objetivo a autorrevelação da alma do indivíduo e sua unitividade com o grande Mistério precisa passar por todas as instâncias humanas, por isso leva em conta todas as experiências vividas, justamente no intuito dessa necessária integração. O mais difícil talvez seja compreender como a sombra possa ser um caminho de revelação da alma e um modo de encontrar Deus.

## O caminho de integração das sombras

É preciso compreender bem a questão das sombras. Por isso precisamos nos perguntar: Será que a sombra foi tratada com devido cuidado e valor ao longo do caminho de educação da interioridade humana? Ela é necessariamente pejorativa? Então, por que é que ela existe? Se ela faz par com a luz, estaria ela tão desligada da luminosidade? Haveria um lado luminoso na sombra?

Alguns sábios da alma humana arriscaram dizer que a sombra é tanto necessária e significativa para a alma quanto a luz. Outros disseram que por ela é que se pode saber em que direção se encontra o Sol. Anselm Grün, monge cristão, alemão, disse que, se observarmos bem os vícios que temos, logo saberemos o que é que nossa alma mais precisa, pois os vícios, nesse caso, funcionariam como paliativos para a alma, até que o indivíduo não acessar aqueles aspectos mais profundos de seu ser que ele mais precisa conhecer para que sua alma se aquiete[57].

Em outras palavras, o ser humano não consegue viver longe de sua alma e ficar sereno. Há sempre uma inquietação que não o deixa cômodo. Para alguns, essa inquietação torna-se razão de doenças físicas; para outros ela é a raiz de uma grande e antiga depressão; para outros ainda ela é o impulso ansioso e doentio de continuamente estar fazendo coisas, mesmo que sem desejá-las. Para a maioria, a doença da alma se manifesta no fluxo incontido de pensamentos, deixando a mente sempre muito ocupada para não se dar conta de quanto dói a alma naquele exato momento da vida.

É que nenhum de nós foi feito para ficar longe de sua alma. Aliás, quanto mais dentro da alma, tanto mais dentro da vida. Quanto mais envolvido com ela, tanto mais se age em consonância a ela. Quanto mais conhecedor dela, tanto menos ilusões. Para quem é amigo de sua alma sabe que todo o resto não tem valor, pois somente a alma é que confere sentido e valor ao que se deseja e ao que se realiza.

Na verdade, as sombras existem porque um dia nos perdemos de nossa alma. Houve um tempo em que, distanciando-nos dela, experimentamos o lado avesso da alma, embora tudo isso a alma conheça bem antes do que nós. A alma, que tudo conhece, sabe o que se passa naquele que, longe de seu

---

57. GRÜN, A. *O ser fragmentado*. Petrópolis: Vozes, 2004.

eixo, se perdera na vasta escuridão. Mas, só quem se distancia da luz sabe o que é ter saudade dela. Só quem experimenta a angústia da escuridão conhece o tamanho do seu desejo pelo fulgor da grande luz.

É preciso dizer, portanto, que as sombras também fazem parte da alma. Não há contradição nisso. O que existe é um contraponto. Pois somente uma alma atenta sabe de onde proveem determinadas experiências. Tem horas que elas são provenientes da luz, outras vezes elas são manifestações claras do mundo das sombras.

Para os autores já mencionados, Deepak Chopra, Debbie Ford e Marianne Williamson[58], a melhor forma de "resolver" a questão das sombras é não reforçar a dialética como princípio da construção do humano. Isto é, segundo eles, o impulso pela separação é que criou o contraste e a luta entre a luz e a escuridão. E foi o mesmo impulso que criou o ego. Por isso a alma humana é santa e pecadora, sagrada e profana, divina e diabólica. Se a separação for patológica ela aponta para a sombra, com seus impulsos hostis, de raiva, medo e inveja. Eu diria inclusive, como vimos, que ela poderia ser patológica também apontando unicamente para a luz, tornando-se fundamentalista, grandiosa, narcisista e prepotente.

Por isso, para os autores citados, a melhor forma de cuidar da sombra é aproveitar a força impulsiva que gerou a separação, agora, em um modo que se gere a unidade. E a melhor forma de fazer isso é conceber ambas, luz e sombra, como partes da mesma unidade. Portanto, sempre que se fizer qual-

---

58. CHOPRA, D.; FORD, D. & WILLIAMSON, M. *O efeito sombra*. Op. cit., p. 43-44.

quer esforço para vencer a sombra se acabará intensificando a dualidade e a separatividade, reforçando assim a sensação de fragmentação e dilaceração tão nocivas ao eu.

Por isso, numa visão como essa, a luta constante da alma teria seu lugar entre o divino e o diabólico, entre a unidade e o espalhamento, como se não houvesse a possibilidade de um existir sem o outro. Essa unidade dos polos seria garantida pelo impulso holográfico, que assim como fragmenta também amplia, compondo numa única unidade as várias peças do caos. Dessa forma, a dualidade e a fragmentação seriam somente o extrínseco da realidade, isto é, aquilo que se vê, enquanto a unidade estaria na amplitude, naquilo que é intrínseco à realidade, o que garante a luz da inteireza, mesmo nas experiências de aparente fragmentação ou sombra.

Nessa ótica, a primeira grande sombra encardida no ser humano poderia ser justamente a tirania de manter alimentada a noção de dualidade de si mesmo. Na luta constante de manter separado o lado luminoso do lado sombrio do próprio ser poderia estar, assim, a raiz da maioria das insatisfações humanas. Exatamente pelo sofrimento que isso acarreta. Ter de manter um constante equilíbrio com a finalidade de conservar-se no lado iluminado da vida não só colocará o eu em contínua e extrema vigilância como também o deixará muitas vezes em situação de desconforto e incongruência, por experimentar que grande parte daquilo que ele vivencia, pelo tipo de conteúdo acessado, deverá ser mantida longe da consciência. Isso o afasta da possibilidade de realizar o grande desejo de inteireza, que está no cerne de sua essência, enquanto ser feito para a totalidade: eis o grande sofrimento.

# A educação e o aprendizado a partir da sombra

A constatação de que a sombra é parte de cada ser humano que compõe a humanidade inteira – e que ela tem sua origem desde os tempos mais remotos da humanidade e que se estrutura no ser humano desde os primeiros anos de vida através do processo de separação e individuação – nos leva a pensar e a nos convencer de que um bom projeto de educação, mesmo nos seus mais diferentes pontos de vista, deverá levar em conta, *sine qua non*, essa questão do paradoxo humano. Por educação queremos entender aqui não somente aquela no seu sentido mais formal, mas também enquanto re-educação, no senso mais terapêutico, digamos assim.

Já temos dito, pelo menos entrelinhas, que a pior das possíveis intervenções educacionais em relação à sombra é tratá-la como se essa não existisse, uma vez que negá-la ou ignorá-la seria reforçar o seu poder inconsciente de influência sobre o ego. Edgar Morin afirma que é preciso ensinar que o ser humano é passível de erro e ilusão. No árduo caminho do conhecimento ele se expõe ao risco de errar e se enganar[59]. Não levar em conta isso na educação seria aumentar a possibilidade do erro e do engano.

A grande dificuldade de um estilo de cuidado que leve em conta a sombra, talvez, poderia estar justamente no fato de as sombras estarem profundamente arraigadas ao inconsciente do indivíduo. A educação em geral ainda se ocupa dos fenômenos humanos apenas no seu caráter extrovertido, visível e palpável, e normalmente está atenta àquilo que diz respeito so-

---

59. MORIN, E. *Os sete saberes necessários à educação do futuro.* São Paulo: Cortez, 2002. Também escrevi sobre isso em TREVISOL, J. *O reencantamento humano.* São Paulo: Paulinas, 2004.

mente ao mundo racional, do pensamento e do jeito de pensar ou de construir o pensamento, permanecendo, mesmo sem ignorar, longe daquilo que estaria provocando determinados tipos de comportamentos reveladores de sombras, percebido como aspectos de erro e de ilusão.

Como poderia ser, portanto, uma educação ou intervenção terapêutica que tivesse como foco essa questão antropológica do paradoxo humano? Poderíamos recorrer a vários estilos ou fontes teóricas e metodológicas educacionais para responder a essa nossa incógnita. No entanto, de antemão, precisamos admitir que para isso se faz necessária uma abordagem educacional mais complexa, pelo menos aquela que faça uma parceria multidisciplinar com outras áreas do conhecimento, como aquela da psicologia. Isto é, uma educação assim deverá focar-se antes de tudo sobre a pessoa do educador ou do terapeuta, como já dissemos, da filosofia e da própria teologia. Pois há que se chegar à raiz, ao âmago do humano, lá onde se encontram os grandes complexos do ser, sua origem, suas motivações e os nós que deverão ser desatados.

Para esse tipo de educação têm importância, sim, as técnicas educacionais e terapêuticas, mas não parece serem essas mais importantes do que a pessoa do educador ou do terapeuta, uma vez que, parafraseando o que foi dito sobre os filósofos, "os verdadeiros educadores" não seriam os que sabem diversas teorias e técnicas terapêuticas e educacionais, mas aqueles que se deixarem transformar pelo que conhecem. Assim ele aprenderá a ver a partir de dentro de si mesmo para poder compreender e ajudar o outro. Haverá de conhecer a dinâmica do próprio paradoxo interior antes de fazer qualquer coisa para ajudar na integração desse mesmo paradoxo nos outros. Pois nada do que ele não enxergar de si vai poder ver de maneira límpida o que há no outro. Talvez tenha sido isso que Jesus queria dizer aos fariseus (que eram criticados por ensinarem uma coisa e fazerem outra) quando falou: "Hipócrita, tira antes a trave que tens nos teus olhos, depois vai tirar o cisco do olho de teu irmão". Só quem vê o tamanho de seu complexo sombrio saberá fazer alguma coisa para ajudar o outro a integrar suas sombras.

# PARTE VII

## Tornar-se anjo de si mesmo

*Alma...*

*...feliz por me teres encontrado e feito templo teu em meu ser criado, vou ficar atento ao que me for dado como sinal para um encontro teu, pois que seria de mim, não fosse Deus, ter-te em mim despertado. Que eu não descanse nenhum momento sem saber que te levo dentro, que meus afetos e pensamentos não queiram outra verdade, senão a ti que tornas inteira a vida que trago ligeira para que se cumpra o que estava escrito desde o Princípio: Eternidade!*

# Exercitando o autocuidado

■ ■ ■ ■

**De volta às fontes**

Sempre gostei muito das tradições sapienciais filosóficas e espirituais que têm um jeito terapêutico de ensinar e de curar. No Oriente é fácil de encontrar isso. Já no mundo ocidental é mais difícil. Por sermos de uma tradição e de cultura mais racionais e reflexivas temos dificuldade de entrar em contato com nossa potencialidade intuitiva proveniente, portanto, de nossa interioridade. Acreditamos mais no que pensamos e deduzimos logicamente do que naquilo que intuímos, sonhamos ou interpretamos.

Por isso, queria aproximar o leitor de uma tradição filosófica, educacional e terapêutica milenar, como via do conhecimento integral humano: a gnose. O cristianismo logo no início acolheu a gnose como via de crescimento e mudança interior do cristão. Vamos nos deter, no entanto, na gnose dos Padres Gregos, considerados os "verdadeiros filósofos", enquanto se opunham aos que eram filósofos sofistas, conhecidos como aqueles que tinham boa fala, mas não agiam segundo o que diziam. Conforme Jean-Yves Leloup:

O verdadeiro filósofo não procede a especulações, mas transforma-se. Seu objetivo não é ter razão ou mudar o mundo, mas transformar-se a si mesmo; e por esta transformação encontrar acesso para outro modo de consciência que lhe permita encarar o mundo de uma forma diferente...[60]

Portanto, filósofo verdadeiro é aquele que conhece com o coração e não somente com a razão. Por isso que nos primórdios da era cristã, e até antes, o filósofo é também terapeuta, uma vez que a filosofia só é verdadeira se trouxer saúde para a alma, segundo os epicuristas. Fílon de Alexandria dirá, por sua vez, que os "verdadeiros terapeutas" são filósofos, amantes da sabedoria[61]. E como tais são pesquisadores da inteligência

---

60. LELOUP, J.-Y. *Introdução aos verdadeiros filósofos*. Petrópolis: Vozes, 2003, p. 7. Para o tema da gnose como caminho educacional, queremos nos apoiar fundamentalmente no trabalho desse grande autor francês, filósofo, teólogo, antropólogo, Ph.D. em Psicologia, além de experiente terapeuta e sacerdote hesicasta.

61. Fílon de Alexandria (data imprecisa entre 20/10 a.C. a 39/40). Pouco se sabe historicamente dele. O historiador Flávio Josefo nos diz que Fílon era judeu, alguém ligado à economia e às finanças em Alexandria, embaixador dos judeus junto a Calígula, uma pessoa honrada e um filósofo experiente (FLÁVIO JOSEFO. *Antiguidades judaicas*, p. 18, 259). Mas é conhecido principalmente pelos seus escritos sobre os "terapeutas do deserto" e pela sua identificação com o jeito de viver desses terapeutas. Os terapeutas do deserto foram confundidos com os essênios que viviam em Qumran, no Egito. No entanto, eles viviam na Palestina. Eram parecidos com os essênios no estilo de vida sóbrio, simples e centrado na meditação das Escrituras Sagradas. As diferenças fundamentais se encontravam em aspectos bastante profundos. Os essênios acreditavam na predestinação: somos filhos da luz ou da treva. Tudo está determinado desde que nascemos. Os terapeutas do deserto acreditavam que o ser humano pode mudar; suas memórias recebidas podem ser transformadas. Para os terapeutas o homem pode se transformar, pode conferir sentido à vida, inclusive à doença e à morte. Os terapeutas do deserto cuidavam do ser interior, tinham cuidado com o corpo através de massagem, liberando as energias. Assim ajudavam outros a respirar, a cuidar do próprio sopro (cf. LELOUP, J.-Y. *Uma arte de cuidar*. Petrópolis: Vozes, 2007, p. 24-27). Os terapeutas do deserto, junto com

criadora e médicos também. Ou seja, não se limitam em curar o corpo como tal, mas um corpo "animado"[62].

Ao comentar os escritos de Fílon de Alexandria, Leloup salienta que a verdadeira filosofia é, antes de mais nada, "caminho de despertar". Por causa disso é que o terapeuta precisa ver claro, elucidando a mente, não somente em nível de conceitos, mas principalmente purificando-a das fantasias e imagens inúteis para que se torne capaz de contemplação silenciosa[63].

## A verdadeira gnose

A gnose teve várias definições e correntes. Epistemologicamente ela é entendida como "teoria" do conhecimento. No sentido metafísico ela é a via do intelecto, da inteligência. Também foi considerada como termo prático para designar os que não caminhavam com as verdades da Igreja: gnosticismo herético. Derivada da heresiologia surge a gnose esotérica, usada para denominar documentos antigos e doutrinas novas sem base histórica. Ultimamente ela foi usada como sinônimo

---

Fílon, nos interessam, portanto, porque eram terapeutas diferentes e nos quais os "verdadeiros filósofos" se inspiravam no seu jeito de viver. Para Leloup eles eram interessantes porque não separavam a vida da dimensão espiritual; eram homens e mulheres de cultura judaica, mas abertos à cultura grega. Além do mais, Fílon e os terapeutas eram, antes de tudo, hermeneutas (intérpretes); no interpretar as Escrituras aprendiam a interpretar a vida, relacionando-a com o significado mais profundo, com o *Logos*. Leloup diz que "no tempo de Fílon o terapeuta era um tecelão, um cozinheiro; ele cuidava do corpo, cuidava também das imagens que habitavam em sua alma, cuidava dos deuses e dos *logoi* (palavras) que os deuses diziam à sua alma; eram psicólogos, eram sábios. O terapeuta também era um ser que "sabia orar" pela saúde do outro (LELOUP, J.-Y. *Cuidar do ser*. Op. cit., p. 25).

62. LELOUP, J.-Y. *Introdução aos verdadeiros filósofos*. Op. cit., p. 10-11.

63. Ibid., p. 13.

de sincretismo para designar a fusão simbiótica de elementos que estão em várias tradições ou correntes religiosas, como uma espécie de saber absoluto, uma espécie de religião. Também é concebida como fenomenologia enquanto é vista como resposta às questões humanistas da origem, do devir e do destino. Enquanto ela entra no mundo do imaginal ela é concebida como uma experiência espiritual visionária ou mística[64].

A corrente favorável à gnose dentro do cristianismo, encarada como *theosis*, foi representada por Irineu, São Clemente de Alexandria, Orígenes, Evágrio, Gregório de Nissa, Dionísio o Teólogo e Máximo Confessor. Eles têm como princípio que o gnóstico verdadeiro é o cristão cujo ideal de perfeição consiste em deixar-se transformar pelo conhecimento (*gnosis*)[65].

Como dissemos, o modo de viver desses monges gnósticos evocava bastante o estilo de vida dos terapeutas de Alexandria, descrito por Fílon. Cada monge tinha sua cela individual (cabanas sem reboco), distante das outras celas, onde permanecia toda a semana dividindo seu tempo entre trabalho manual, meditação das Escrituras e oração, normalmente alimentando-se somente de pão temperado com sal e azeite. No final de semana se reuniam para participarem de uma refeição em comum e celebrar a liturgia do domingo[66].

### A gnose como caminho de integração da sombra

Praticamente, todo o caminho educacional e de autoconhecimento do verdadeiro monge gnóstico consistia em ter de

---

64. Ibid., p. 237-263. Aqui o leitor encontra também as várias concepções de gnose segundo C.G. Jung.

65. Ibid., p. 247.

66. Ibid., p. 81-82.

entrar em contato com as próprias sombras, a fim de alcançar o verdadeiro conhecimento, que consistia em viver em harmonia ou semelhança com Deus. Por isso vivia retirado, em silêncio, em constante atitude de oração, confrontando-se com as Escrituras, onde se deparava com vários e diferentes arquétipos humanos, figurados nos múltiplos personagens bíblicos. No trabalho manual expressava o que o coração meditava.

Conhecedores que eram do estilo de vida dos terapeutas de Alexandria, os monges gnósticos tinham profunda noção da relação corpo e alma, e que a saúde do corpo tem íntima relação com a saúde da alma e vice-versa. Que, portanto, o corpo é "animado" pelo tipo de alma que nele habita. E que para alcançar o verdadeiro conhecimento é necessário entrar em contato profundo com o paradoxo humano das luzes e das sombras que se traduz em cada ser com um jeito todo peculiar. Assim, o caminho do verdadeiro conhecimento consistirá na árdua tarefa de apaziguar a psique para tornar-se capaz de contemplação espiritual profunda onde ele vai encontrar a sua essência original.

### Nomear as sombras

O monge gnóstico sabe que o primeiro passo a ser dado no intuito de integrar a sombra é reconhecê-la presente no próprio ser e nomeá-la. Ao contrário da psicologia moderna que busca a causa dos males no passado, os monges não se preocupam com a história do mal na infância, descrevem o mal como algo que está se mostrando agora, no presente. Nesse sentido, os monges procuram compreender as tramas da sombra assim como ela se apresenta, no momento em quem ela aparece[67].

É nos escritos de Evágrio Pôntico que vamos encontrar um caminho de prática de integração das sombras[68]. Na sua obra *Tratado prático*, composto de cem pequenos capítulos ou breves sentenças, Evágrio descreve a *praxis* ou *practike* pela qual o monge pode alcançar o equilíbrio psíquico ou aquele estado não patológico da alma voltada para o Espírito. Conforme Leloup:

> Pode-se dizer que a *practike* de Evágrio é um tratado de terapêutica do século IV, cujo objetivo consiste em permitir ao homem conhecer sua verdadeira natureza "à imagem e semelhança de Deus", liberado de todas as suas anomalias congênitas ou deformações patológicas. [...] A *practike* é uma forma de psicanálise no sentido próprio do termo: análise dos movimentos da alma e do corpo, das pulsões, das paixões, dos pensamentos que agitam o ser humano e se encontram na base dos comportamentos mais ou menos aberrantes[69].

Nessa obra Evágrio distingue oito sintomas de uma doença espiritual, que, segundo ele, transformam o homem em "viciado"[70]. Cada um desses sintomas tem sua particular

---

67. GRÜN, A. *Convivendo com o mal.* Op. cit.

68. Vamos seguir aqui o belíssimo trabalho de pesquisa de Jean-Yves Leloup em sua obra citada: *Introdução aos verdadeiros filósofos*, p. 78-107. Evágrio Pôncio nasceu em Ibora, no Ponto (atual Turquia), por volta do ano 345 e faleceu no ano 399.

69. Ibid., p. 85-86.

70. Esses oito sintomas tiveram grande importância histórica. Foram retomados e reformulados até serem resumidos nos "sete pecados capitais", disseminados pela Contrarreforma, perdendo assim seu caráter de análise e de cura,

dinâmica e nos ajuda muito a compreender a complexidade da sombra que permeia o coração humano. Vamos abordar sucintamente cada um desses oito sintomas da alma justamente no intuito de obtermos maior clareza na compreensão das sombras e termos meios práticos para a educação do coração em busca de sua inteireza.

## A gula e as patologias orais (*Gastrimargia*)

Na relação mãe-criança, desde cedo se acumulam experiências que deixam marcas em cada ser humano. A fase do aleitamento e do desmame, por exemplo, o modo como esses rituais são vividos pela criança, servirão, mais tarde, como base, mais segura ou menos, para outras passagens possíveis que exigirão do indivíduo força e capacidade de sustentação da ânsia e do medo da perdição ou do abandono.

Observando bem a sociedade de hoje logo percebemos como o comer e o beber se tornam recorrentes rituais de emergência para a diminuição da ansiedade e do medo da vida, funcionando como uma forma de escapatória imediata.

Os Padres do Deserto que bem conheciam como era a vida nos monastérios sabiam que o modo de comer e de beber, muitas vezes, tornava os monges verdadeiros bulímicos ou anoréxicos. Para esses males, portanto, ensinavam que a melhor forma de superá-los é evitar os excessos e procurar a moderação e o equilíbrio sóbrio, através do jejum moderado (alimentação não excitante, evitando as carnes) e da prática da oração "oral", entoando hinos e salmos, para o louvor a Deus,

---

tomando uma conotação puramente moralista (LELOUP, J.-Y. *Introdução aos verdadeiros filósofos*. Op. cit., p. 86).

sem dúvida, mas também para acalmar a ânsia que poderia assolar a vida do monge.

Aprender dessa sombra talvez seja perguntar-se qual a fome ou a sede que existe realmente por trás desses tipos de excessos. Naquele instante a fome ou a sede facilmente poderiam ser necessidades ou vazios experimentados pela alma (por isso que apesar de comer e beber muito o indivíduo não se satisfaz). É que a alma não se sacia propriamente de comida ou bebida.

Por isso não há necessidade de negar ou combater essa sombra, mas fazer dela caminho de conhecimento de si mesmo e de crescimento.

Lembrando dos terapeutas do deserto, os monges sabiam que para ser terapeuta (ou educador) era preciso mudar a alimentação, "deixar de se alimentar de cadáveres". Os terapeutas viviam praticamente de pão, água e sal. Ao se alimentarem, o monge, o terapeuta ou o educador sabem que estarão fazendo uma escolha entre "consumir" ou "comungar"[71]. Dependendo da escolha estarão ou alimentando a sombra ou fazendo dela um caminho para o próprio progresso humano-espiritual.

## A avareza e as patologias anais (*Philaguria*)

Leloup classifica como cabível nessa sombra todas as "formas de crispação relativamente a um 'ter' qualquer, de 'constipação do ser'"[72]. Neste complexo de sombra cabem todas as formas de apegos irracionais, além de bens materiais, a

---

71. LELOUP, J.-Y. *Cuidar do ser*. Op. cit., p. 28.
72. LELOUP, J.-Y. *Introdução aos verdadeiros filósofos*. Op. cit., p. 88.

determinadas ideias, práticas ou posturas. É um dos grandes vícios do ego: identificar-se (*fazer igual* ou *fazer o mesmo*), tornar algo como parte de si mesmo. Isso resultará em grandes dores nas experiências de perdas, pois é como se o indivíduo estivesse perdendo uma parte de seu ego em cada coisa que se perde ou foge do controle. Como bem coloca Leloup:

> Uma das raízes inconscientes de tal comportamento situar-se-ia na fase anal. Ao identificar-se com seu corpo, a criança experimenta um certo terror, vendo-o "decompor-se" sob a forma das matérias fecais; neste caso, se a mãe não estiver presente para tranquilizá-la e agradecer-lhe por esse lindo presente, ela poderá experimentar um certo temor que a levará a contrair os esfíncteres ou, pelo contrário, a chafurdar em seus esfíncteres[73].

Isso facilmente se manifesta na personalidade com determinados tipos de comportamento com limpeza exagerada, através de uma atitude obsessivo-compulsiva, perfeccionista ou, ao contrário, no desleixo com o próprio corpo. Também nessa mesma linha, a avareza não é somente acumular riquezas, mas não é raro encontrar nas pessoas uma atitude constante de guardar tudo, objetos, coisas aparentemente sem grande importância, mas que representam algo de sumo valor para quem tem esse comportamento.

Na base dessa sombra se encontra o medo de se perder, de perder o controle, a necessidade de garantir a vida. Bem no fundo, isso revela o medo da morte. Por isso, os monges ensinavam que para harmonizar essa sombra faz bem ao coração meditar sobre a morte e sobre a decomposição de tudo, sobre o declínio e sobre o próprio lado sombrio da vida.

---

73. Ibid., p. 89.

Como os antigos terapeutas e os monges do deserto, como educadores e terapeutas atuais podemos aprender que há algo no mais profundo de nós mesmos que é imperecível: nossa essência, o sopro divino, a luz maior. Apegar-se a algo não só é desconhecer esse valor maior que há em nós, como também é outorgar a razão de nossa existência a algum tipo de objeto materializado que está fora de nós mesmos, talvez, ainda na esperança de poder controlar alguma coisa de nosso destino. Poderíamos dizer que aprendemos integrar a sombra do ter na medida em que vamos vendo morrer partes de nosso ego, para que, no fim, apareça realmente a inteireza de nosso ser.

## A luxúria e os desvios da pulsão genital (*Porneia*)

A *porneia* abrange todas as sombras ligadas ao campo da sexualidade enquanto desequilíbrio psicológico que polariza a energia humana no plano genital. Segundo Leloup, é a patologia que consiste em "tratar seu próprio corpo, ou o corpo do outro, como uma 'coisa', uma matéria sem alma, um objeto de prazer e não como um sujeito de amor"[74].

No seu significado mais profundo, viver bem a sexualidade é considerar o próprio corpo, ou o corpo do outro, como algo sagrado que engendra um mistério a ser cuidado e respeitado. Nesse caso, é a castidade que exerce esse cuidado, enquanto ela preserva o mistério e recupera o seu sentido primordial, garantindo na pessoa sua capacidade de relação e comunhão.

Para integrar esse complexo de sombra provindo das pulsões genitais Evágrio dá alguns conselhos práticos, como: beber menos, pois conforme a medicina antiga, a excitação seria

---

74. Ibid., p. 90.

provocada pela umidade exagerada do corpo[75]. Fazer trabalhos manuais para ocupar a mente, além de meditar as Escrituras Sagradas, que é uma forma de manter a mente atenta. Como o cérebro é o principal órgão sexual, habituá-lo aos pensamentos de louvor em lugar daqueles obsessivos. Ocupar a mente com cânticos e orações de invocação do nome de Deus.

No caminho da integração da sombra da *porneia* talvez o mais importante seja não negar a energia sexual que está em nós, purificando-a de toda carga repressiva que nela fora depositado. Perceber a sombra em qualquer uma de suas manifestações pode ser um caminho de reconhecimento do tamanho do vazio ou da solidão que habita no coração de quem a sente, obtendo assim a oportunidade de perguntar-se sobre o real desejo que o coração está tendo naquele instante da vida. Normalmente, nossa carência de amor só é desmascarada e saciada na medida em que tivermos coragem de ver o tamanho do vazio que habita no nosso próprio ser. Daí por diante talvez comece um grande desafio: arriscar-se no amor ao outro, sem medo.

### A ira, a patologia do irascível (*Orge*)

A quarta sombra pode ser entendida como ira ou impaciência. Biblicamente, ela é compreendida como "brevidade do sopro". Na ira o indivíduo estreita seu sopro parecendo tornar-se sufocado.

Segundo Leloup, Evágrio tem dado muita importância ao fenômeno da ira, pois ela torna o homem desfigurado de sua imagem semelhante a Deus, tornando-o parecido a um demônio.

---

75. Cf. HIPÓCRATES. De la génération, t. VII. Littré, 1851, p. 470. Apud LELOUP, J.-Y. *Introdução aos verdadeiros filósofos*. Op. cit., p. 91.

Não bastasse, fisicamente, a ira pode ser muito prejudicial à saúde, pois ela corrói o fígado, excita a bílis e, quando não expressa, torna-se inclusive perigosa, podendo causar úlceras. A ira não deixa nosso sono ser tranquilo, causando pesadelo para quem dormir sem resolvê-la. Por isso, São Paulo escreve aos habitantes de Éfeso: "Que o sol não se ponha sobre vossa ira".

Na raiz da formação da ira, segundo Leloup, está a nossa grande dificuldade de aceitar o outro enquanto outro, diferente daquilo que esperamos dele. Quando isso acontece, nos irritamos e deixamo-nos corroer pelo ressentimento. No entanto, existe uma ira saudável, aquela que nos torna indignados contra a injustiça, por exemplo, tornando-nos firmes como os profetas, ao invés de agressivos.

Para curar-se da ira enquanto sombra, antes de tudo, é preciso aprender a perdoar, tanto a si quanto aos outros, reconhecendo simplesmente aquilo que se é. Em seguida, aprender a respirar prolongadamente. Expirando, liberando a energia da ira e inspirando a calma e a serenidade de nosso ser.

Por isso é que para Evágrio o monge deve aprender a virtude da mansidão, que mais do que quietação, é serenidade que vem da harmonia causada pelo Espírito em nós.

## A depressão, a tristeza, a melancolia (*Lupe*)

Na base de toda tristeza está a dor da frustração de ter perdido ou não alcançado alguma coisa considerada importante ou, ainda, a carência de algo muito desejado.

Por isso, o monge antigo sempre lidou com as carências aprendendo a orientar o desejo, antes de não satisfazê-lo. Disciplinar o desejo a fim de que ele nos remeta ao Infinito, uma vez que só o Infinito pode saciar o grande desejo humano.

A tristeza na vida do monge aparece no desejo de ter de volta aquilo que ele tinha abandonado por vontade própria para seguir o caminho do monastério. Lá no deserto de tudo, no entanto, ele faz a experiência de grande carência; e quando essa carência parece ser muito forte, vem a tristeza que brota da frustração de não poder ter de volta uma casa, a família, e principalmente o reconhecimento e o afeto das pessoas.

O remédio para o monge integrar a sombra da tristeza é o exercício constante de despojamento no intuito de alcançar o verdadeiro "espírito de pobreza" que consiste em perceber que a vida é uma eterna dádiva, que nada lhe falta e que tudo de que precisa ele tem. Mas isso só será possível se ele superar o desejo e a ilusão de que possuir algo é sinônimo de alegria. Não, a alegria virá da noção de simplesmente ser aquilo que ele é, ali naquele instante, garantida pela profunda noção de totalidade da qual ele faz parte, vivida na comunhão com tudo.

### A pulsão de morte (*Acedia*)

Característica dessa sombra é a melancolia profunda, depressão com desejo de morte, de suicídio. Isso é muito conhecido no nosso mundo contemporâneo como sendo a depressão psíquica profunda.

Para o monge a *acedia* era também chamada de "demônio do meio-dia", ou "noite escura da alma", onde o monge depois de ter experimentado Deus e ter conhecido a profunda razão de seu existir se deparava com a noção interna de ter se enganado no caminho, de ter errado tudo, de ter sido abandonado por Deus e de ter-se verdadeiramente iludido. Muitos deles tinham vontade de morrer ou se jogaram na saciação dos vícios, do beber, comer e da sensualidade.

Conforme Leloup, esse processo todo é explicado por Jung ao tratar da crise que se dá por volta dos quarenta anos em que o indivíduo precisa passar para que apareça mais claramente quem ele é no seu *Self* [76]. É um período em que aparece o que estava "recalcado", mas pode ser um momento de um salto de maior integralidade. Quando vivida conscientemente, após essa crise, ele estará mais inteiro, centrado no seu ser, e com a noção de si mais integrada, vivida como um senso de totalidade e inteireza.

Os monges ensinavam que na hora da *acedia* não se deve tomar nenhuma decisão, manter-se fiel às práticas e intensificar a fé com muita firmeza, centrando a mente nas coisas simples, sem voltar-se muito para o passado nem para o futuro, permanecendo atento ao processo, como que cozinhando o momento. Ter presente que esse momento é "passageiro", e que ao tê-lo passado a alma experimentará um estado de grande calma e inefável alegria[77].

## A vaidade, a inflação do ego (*Kenodoxia*)

É o complexo sombrio em que se encaixam todos os tipos de grandiosidades, de caráter paranoico e narcísico. É o mecanismo através do qual o indivíduo, de um modo ou de outro, precisa estar no centro de tudo. Uma fome obsessiva de *glamour*, de importância, de reconhecimento, no intuito de compensar todas as carências vividas no passado está sempre

---

76. LELOUP, J.-Y. *Introdução aos verdadeiros filósofos*. Op. cit. p. 95-96.

77. Ibid., p. 97.

presente no indivíduo que carrega essa sombra. Irrita-se com qualquer possibilidade de crítica e com todos aqueles que o criticam ou fazem algum tipo de observação.

Esse complexo sombrio está muito presente na sociedade ocidental atual.

Os monges estavam sujeitos a essa sombra enquanto poderiam se orgulhar do caminho que levavam, pelos dons vividos, podendo considerar-se como Deus, achar-se iluminado, predestinado e prodigioso. Apodera-se dos dons e, na ilusão, pensa que todos acorrerão a ele para serem curados, para serem salvos por ele.

O melhor remédio para a sombra da *kenodoxia*, segundo Evágrio, é a gnose: autoconhecer-se para livrar-se da ilusão. A gnose conduz o homem ao conhecimento de si e ao conhecimento de quem é realmente Deus.

Autoconhecer-se implica morte e desapego de uma imagem feita e, portanto, já conhecida. Isso, conforme Leloup[78], pode conduzir-nos à *lupe* e à *acedia*, isto é, ao luto e à tristeza, tão necessários em alguns casos para que se supere as fortes raízes das sombras da vanglória e do egocentrismo.

## O orgulho, a vanglória, o delírio esquizofrênico (*Uperephania*)

É mais forte que a sombra de *kenodoxia*. É uma profunda ignorância humana. Pode conduzir o homem a um estado tão egocêntrico que é como se ele rompesse com o real do jeito esquizofrênico, autossatisfazendo-se subjetivamente, do tipo autista, impedindo qualquer possibilidade de relação

---

78. Ibid., p. 99.

com o Outro. É quando o homem fica literalmente "fora de si" colocando-se no lugar de Deus e outorgando-se os poderes divinos do Criador.

Para os antigos monges, o remédio para a *uperephania* é a humildade. A prova disso é que, quando o orgulhoso recebe alguma admoestação, ele logo fica "fora de si", ao passo que o monge humilde, mesmo quando humilhado ou caluniado, não perde a paz que garante o centro de seu eixo. Para os antigos monges a humildade é a Verdade. É ser o que se é. Nem menos, para não se fazer centro enquanto vítima de tudo. Nem mais para não ser o centro enquanto grandioso. A humildade vem de *humus*, a terra. Humilde é aquele que aceita a condição terrena como lugar de vivência da condição divina.

Em síntese, os monges, para esse complexo de sombras, nos apresentam como remédio básico a *gnose*, o conhecimento de si em profundidade através da intuição, o que nos garante a percepção de nosso ser de forma inteira. É só entrando no mais íntimo de si mesmo que o ser humano vai poder perceber o complexo de seu eu que engendra tanto a luz quanto a sombra, e que a sombra é sempre mais intensificada quanto mais se deixar de vê-la em relação com a luz.

Ao entrar em contato com a sombra, esvazia-se o espaço que parece ter sido reservado a ela, deixando que penetre a luz também nesses recônditos, diminuindo seu poder que desumaniza e cria a ilusão de ser o que não se é.

Nesse caminho, lidar com as sombras é não combater contra elas, mas aproximar-se delas, perceber o seu tamanho e a sua função, nomear a cada uma e oferecer-lhes, em lugar do julgamento, a compreensão, a interpretação, o acolhimento e a integração na totalidade. Assim, elas não serão inimigas do ser, mas simplesmente o sinal de que está havendo uma compreensão limitada do ser, um olhar parcial sobre o eu e, particularmente, uma "ignorância" sobre si que faz criar uma ilusão para negar aquilo que é temido. Assim, o *self* se torna irreconhecível, doente e ameaçado por um inimigo que se chama ego: a parte do ser que não é verdade, aquela que foi criada pela mente para ocultar a sombra, que por sua vez, em maior grau, ameaçaria o ego.

Na verdade, todas essas sombras são doenças do ego ou escapatórias da mente para proteger o ego. Mas ao mesmo tempo elas não estão tão longe do ser enquanto eu, na medida em que apontam para alguma escassez no ser, razão pela qual elas se desenhem dessa forma no indivíduo, até ele não tomar consciência da complexidade única da qual o seu ser faz parte.

Claro que esse é um caminho que pode levar uma vida inteira. Mas a gnose, nesse sentido, é sem dúvida uma filosofia, um método, e principalmente um modo de ser que garante a alimentação da alma, enquanto através dela o ser mantém contato constante com o grande Ser. Por isso a sombra sempre estará às portas da alma, assim como a luz nunca faltará à própria alma. O que tranquilizará o ser humano será justamente essa presença consciente na alma que ele é. O testemunho dado ao ser. Não a ausência da sombra, portanto, mas a maneira de estar presente junto a ela: sem negá-la, sem projetá-la nem julgá-la, para poder integrá-la. Talvez seja isso que significa plenitude humana: uma atitude plena, de consciente presença, que plenifica o ser e garante uma profunda alegria, que vem, não da ausência da sombra ou de uma vida de pura luz, mas justamente do brilho de uma existência consciente em comunhão com a Totalidade.

# Algumas práticas de cuidado da alma

**Sobre o cuidador**

Todo aquele que cuida de um outro é um terapeuta. Cuidar de alguém é estar presente a quem está sendo cuidado, para que ele possa alcançar sua profundidade e largueza com maior segurança. Cuidar não é fazer o caminho do outro, mas estar aí como interlocutor existencial. O cuidador é aquele que conhece grande parte da estrada, mas que continua percorrendo-a.

Todo pedagogo ou cuidador sabe que o crescimento humano acontece de passagem em passagem, de rito em rito. E ele está do lado. Ele é o "mais velho", o que veio antes, aquele que, tendo percorrido alguns estágios de consciência, sente-se na possibilidade de acompanhar quem está na iniciação do percurso. Portanto, cuidar é permitir a experiência, suscitar perguntas abertas, sem julgar nem direcionar. Cuidar é manter a atenção atenta. É despertar. Ajudar o indivíduo a acordar do sono da existência e a habituar-se a perguntar-se continuamente pelo inusitado, pelo que está por detrás do óbvio, pelo essencial de tudo.

Para isso, como já salientamos, todo cuidador precisa estar muito atento a si mesmo, mais do que tudo. Pois é do lugar onde ele se encontra que ele interpreta, questiona, desperta e aponta para alguma direção. Ele próprio, de certo modo, é o contexto de onde ele cuida e age. Do hólon de onde ele se projeta é que se manifesta também um determinado modo de ver, interpretar e intervir. Pois em cada nível de consciência cabe uma forma de interpretar, ou melhor, um horizonte maior ou menor de interpretação. Daí a necessidade de todo educador ou cuidador estar em contínuo processo de atenção e evolução de si mesmo, pois na medida em que ele se conhece internamente pode mais facilmente conhecer o que está na interioridade de quem está sendo cuidado por ele.

Nessa ótica, todo cuidador é também um desafio para quem está sendo cuidado. Ele é instigador e provocador do processo de quem caminha com ele. Pois quanto mais ele transparece a profundidade de seu mistério, tanto mais seu jeito de viver se torna objeto de encantamento e, até, ideal de vida. Ele é a personificação do humano possível. Então, ele também se torna sujeito de credibilidade, de confiança e de verdade.

### Etapas do cuidado da alma através dos vários níveis

Vamos fazer uma síntese dos níveis do eu e recordar algumas formas de ajuda que se pode prestar às pessoas em cada um dos níveis. Então, como dissemos, da mesma forma como existem níveis do ser, existe também etapas do cuidado do ser.

O cuidado do ser precisa ser objetivo para cada nível do eu. Há, portanto, um cuidado que se oferece no pré-pessoal, no pessoal e no transpessoal. Há um cuidado que tem a ver, portanto, com o ambiente e o entorno, um outro com o psíquico da pessoa e outro propriamente espiritual. Vou colocar alguns lampejos sobre o cuidado a partir do desenvolvimento humano e dos vazios que possivelmente se instalaram no eu individual de quem está em processo de autodesvelamento.

O serviço de cuidado comporta atenção, arte, estudo e amor. A atenção garante a percepção do contexto do sujeito a ser ajudado. A arte confirma que todo aquele que se dispõe a cuidar possui, internamente, o dom particular do cuidado. O estudo teórico tece a ideia antropológica de base, que rege a compreensão do ser humano, com todas as suas variáveis, e oferece técnicas para o cuidado nos diferentes níveis do ser. Enfim, o amor é o que sustenta todo o processo de evolução da consciência. Ele garante a paciência, a tolerância, a compaixão, a credibilidade no humano e a esperança que, tanto o sujeito que cuida como aquele que é cuidado, precisam para que o percurso da evolução aconteça.

No acompanhamento e no cuidado de alguém, seguindo os níveis de desenvolvimento do eu – que passam pela matéria, da matéria para o corpo, do corpo para a mente e da mente para a alma e para o espírito, como vimos –, se supõe que determinados processos tenham se cumprido no indivíduo. Além do mais, é preciso perceber o "como" aconteceu. Pois daí surgirão os possíveis vazios, fragilidades ou áreas escassas que deverão ser fortificadas no ser, sombras que deverão ser significadas e trazidas à luz da inteireza do ser.

É preciso perceber, por exemplo, como o eu se organizou no estágio pré-convencional, nos três primeiros níveis ou ondas: no físico, no emocional e no mental. A psicologia clássica nos tem mostrado que, inclusive, os vazios deixados nesses primeiros níveis do eu podem traduzir-se em níveis diferentes de patologia: distúrbios, neuroses, *borderlines* e psicoses. Isso terá uma grande influência sobre como o indivíduo vai observar-se internamente e como ele observará o mundo exterior.

Sabe-se que, bem no início de sua evolução, a criança vive imersa num mundo praticamente indiferenciado entre o que ela percebe de si e do ambiente. Em seguida, no primeiro ano ela começa a fazer uma diferenciação entre o seu corpo e o ambiente. Deixa a fusão com o mundo material para começar a identificar-se com o corpo emocional e sentimental. É quando ela nota que há diferença entre morder qualquer coisa do ambiente e morder alguma parte do próprio corpo. Em seguida, dos 3 aos 6 anos ela constrói a passagem do corpo sentimental ao conceitual e faz a diferença entre um e outro. Quando isso acontece ela está fazendo um percurso sadio: o seu eu proximal passou da matéria ao corpo e destes para a mente inicial. O percurso sadio, portanto, é aquele que envolve diferenciação e integração: o eu se diferencia do nível mais inferior, o corpo, identifica-se com o nível superior que vem em seguida, a mente, e aí faz a integração entre os conceitos e os sentimentos.

Quando essa diferenciação-integração não ocorrer, estruturalmente, podem dar origem a patologias. Se forem no primeiro nível haverá a psicose (indiferenciação entre o eu interno e o mundo externo); no nível dois pode se organizar o narcisismo (em que o eu emocional tem dificuldade de se diferenciar dos outros, tornando-os, portanto, extensão do próprio eu) e o *borderline* (onde o eu é fragilmente invadido pelos outros); e no nível três a psiconeurose (que suscita a repressão do emocional pelo mental-racional). Na verdade, o eu, em cada nível, precisa se autoproteger. E faz isso com as ferramentas que tem em cada nível: ou corpo, ou a emoção ou a mente. A terapia nos primeiros níveis cuidará do fortalecimento das fronteiras do eu e propiciará um melhor contato com os sentimentos ofuscados e ajudará a aceitá-los melhor.

Passados esses primeiros níveis, entrando para os níveis intermediários, também mudam as formas de enfrentamento da realidade, tipos de defesas, de comportamentos e, portanto, o tipo de ajuda para os vazios dessa época deverá ser diferente. Por exemplo, no período em que a mente regra/papel começa a aparecer, em que o indivíduo passa a adotar comportamentos e papéis de outras pessoas, o eu inicia sua passagem do egocêntrico pré-convencional ao sociocêntrico-convencional.

Quando algum vazio se instala nesse nível pode surgir a "patologia de *script*", na linguagem de Wilber[79], a falsa visão de si. Então a terapia consistirá em desmascarar as falsas visões de si substituindo-as por *script* mais saudável e real.

Transcendendo esse nível o eu entra no âmbito autorreflexivo, passando do eu convencional/conformista para aquele pós-convencional/individualista, que é o período do conflito *identidade vs. confusão de papéis*. A dúvida é como saber quem sou se não são mais as regras e papéis da sociedade que regem as minhas decisões. Terapeuticamente vai se trabalhar

---

79. WILBER, K. *Psicologia integral*. Op. cit., p. 112 (*script* é aqui entendido como ideia de si mesmo, o qual se torna patológico quando o eu introjeta histórias e mitos falsos ou enganadores a respeito de si).

aqui, além das relações interpessoais e pertença a um grupo, a questão fundamental da autoestima.

A seguinte visão, aquela da lógica, é o lugar das questões existenciais, onde, facilmente, começam a surgir as perguntas clássicas: *Quem sou eu? De onde vim? Por que sou assim? Para onde vou?* A terapia vai mexer aqui com o âmbito da autorrealização.

No próximo nível é que entram os domínios transpessoais, espirituais e místicos, com novas estruturas e mais elevadas e, dependendo, com suas patologias também. Nesses níveis a terapia vai ajudar a perceber, discernir e integrar aquelas experiências de pico, de cunho espiritual e místico, distinguindo-as de fenômenos de estruturas pré-racionais mágicas e míticas. Sobre o cuidado desses níveis já falamos muito anteriormente no capítulo em que tratamos das experiências de emergência espiritual e as patologias.

Isso que estamos dizendo também é muito teórico ao se falar da alma. No entanto, tudo se torna mais brando e sereno quando o cuidador conhece um pouco de seu caminho. É como eu sempre digo: ninguém leva alguém aonde nunca foi. É mais fácil compreender nos outros aquilo que já temos experimentado. Todo aquele que se põe a cuidar de alguém, se ficar bem perto do próprio eu enquanto cuida, não só vai facilmente entender o que outro está passando, como também vai ter a medida certa e a atitude correta para aquele momento, diante daquela determinada situação que o outro está passando.

A seguir, gostaria de deixar algumas práticas de cuidado da alma para quem faz o caminho do despertar espiritual passo por passo.

## Práticas de cuidados da alma

Tenho dito anteriormente que um belo caminho espiritual é também aquele do itinerário passo por passo. Já tenho proposto várias vezes em outros livros que tenho editado algumas práticas espirituais que possam despertar o profundo de nossa consciência, nos acalmar e nos auxiliar na compreensão do sentido do nosso caminhar dia a dia neste mundo.

Precisamos ter presente que tanto nosso corpo quanto nossa mente e principalmente nossa alma necessitam de constante cuidado. Alternativas de cuidado para com o corpo hoje não faltam na nossa sociedade. No entanto, o cuidado físico hoje não consegue chegar à sua eficácia devido à negação dos campos transpessoais do ser, assim como o descuidado com o psíquico do indivíduo. Não adianta dizer que precisamos nos alimentar bem se ainda não sabemos que existem outras fomes mais profundas embaixo da fome aparente do corpo. De nada serve dizer que precisamos nos acalmar até que não se resolvam os causadores de nossas ânsias que estão no profundo de nós mesmos. Também de pouco adianta à ciência procurar cada vez mais prolongar os anos de nossa existência se não conhecemos o que significa realmente existir com alegria de fato.

Por isso, quero neste livro oferecer por excelência algumas práticas de cuidados da alma, de modo particular me inspirando em algumas formas de cuidado que os monges têm, elucidadas muito bem por Anselm Grün em vários de seus livros[80].

---

80. GRÜN, A. *O poder do silêncio*. Petrópolis: Vozes, 2010. Cf. tb. GRÜN, A. *As exigências do silêncio*. Petrópolis: Vozes, 2009.

## A prática do silêncio interior

No jeito cristão de viver, como também no hinduísmo e no budismo, uma das práticas mais usadas de cuidado da alma é aquela do silêncio, através de diferentes formas, como a repetição de mantras, a meditação, a respiração atenta e a atitude de constante presença. O objetivo principal do silêncio e de suas diferentes práticas é nos colocar em profunda comunhão com o Infinito e com o Grande Ser Criador. A alma não se acalma até não experimentar de algum modo essa unitividade.

O grande desafio do silêncio não é calar as palavras e sim acalmar os pensamentos. Aquietar a mente seria a grande conquista para aquele que deseja ouvir a voz de sua interioridade. Nos seus mosteiros os monges pouco falam, mas nem por isso se pode dizer que eles estejam em silêncio se os seus pensamentos ainda não se calaram. O que não pode se calar é o coração, pois quando calamos nossa voz, em geral, temos mais possibilidades de ouvir nosso coração e, através dele, manter-nos em comunhão com tudo. Os pensamentos podem facilmente manter em nós um grande vazio, ao passo que o coração, quando calma estiver a nossa mente, nos garante uma profunda comunhão e comunicação com tudo.

O maior barulho de nossa cabeça não é aquele dos carros e máquinas que a toda hora estamos ouvindo, mas a obsessiva necessidade de emitir opinião sobre tudo, de julgar a todos e de controlar continuamente.

O silêncio é muito mais do que uma condição externa. É antes um estado de presença. A montanha lá no alto está em silêncio, mesmo na tempestade. A árvore está em silêncio, mesmo quando essa faz ruído com seus galhos balançados pelo vento. O cachorro está em silêncio, mesmo quando late diante de uma presença que ele desconhece. Os pássaros fazem silêncio inclusive quando cantam. A grama faz silêncio enquanto cresce. A água silencia mesmo quando desce a cachoeira. Estamos em silêncio quando estamos simplesmente presentes.

Ao mesmo tempo, o nosso silêncio interior precisa ser provocado pelo silêncio externo. Por isso é que vamos a lugares de silêncio: nas montanhas, no campo, nas grutas, nos templos, no meio da floresta e em lugares retirados. O silêncio habita o mais profundo de nossa alma. Há um espaço em nós que é puro silêncio. O silêncio de fora nos ajuda muito a identificar aquele de dentro. Quando silenciamos externamente estamos fazendo força para entrar no profundo do silêncio que nos habita. Por essa razão é que precisamos constantemente exercitar o nosso silêncio.

## Meditar a todo instante

O caminho do silêncio não necessariamente é aquele da meditação ou da contemplação. Há pessoas que não conseguem inicialmente ficar nem cinco minutos em silêncio, muito menos meia hora de meditação. Para essas pessoas existem outros métodos de crescimento espiritual. Por exemplo, o monge vietnamita Thich Nhat Hahn ensina aos que o procuram para aprender a meditar um exercício muito simples de meditação que ele chama de *meditação andante*. A técnica consiste simplesmente em caminhar atento àquilo que a pessoa vai encontrando: pessoas, arbustos, animais, sons, sensações etc. percebendo cada uma destas expressões como revelações divinas que tocam a alma de quem medita.

Quantos de nós levantamos de manhã e caímos direto no trabalho, todos os dias, sem nem mesmo perceber o coração de quem nos rodeia, tanto na família quanto no trabalho. Ficamos obcecados pelo que fazemos e não conseguimos sequer contemplar com olhos amorosos aquilo que nossas mãos ou nossa mente fizeram. Pessoas assim passam a vida fazendo coisas sem poder se alimentar delas. Fazem tudo longe da alma e assim fazem também coisas sem alma.

A meditação andante, num primeiro momento, num retiro, por exemplo, é um exercício que treinamos para criar o hábito dela. Mas quando aprendida, ela pode se tornar um hábito. Aprendo a estar presente em todas as coisas e em cada momento de minha vida. No fim, isso se torna um jeito de viver presente a si mesmo, como também é uma bela maneira de manter-se perto do divino que habita em nós, no nosso mais profundo. Portanto, se você não tem o hábito ou não tem tempo de meditar, pode aprender essa técnica que é simples e ao mesmo tempo faz tão bem à sua saúde integral.

Na verdade, não precisa fazer nada senão estar presente. Estando presente você acalma seu pensamento e, acalmando seu pensamento, você está vindo para o eixo de si mesmo que é aquilo que a alma mais precisa para poder ficar serena. Além do mais, você acaba se tornando bem mais criativo, muito mais amoroso e afável às pessoas, sem pensar que grande parte de sua ânsia vai embora, pois você está colhendo daquele momento o que exatamente era para ser colhido naquele instante.

### Meditar como peregrino

Existe uma velha e clássica forma de permanecer atento a todo instante que é a oração do *peregrino russo*, muito conservada na tradição cristã pela Igreja Ortodoxa, também chamada de *oração do coração*. Essa forma de orar consiste na simples invocação do nome de Deus intercalada pelo silêncio. Gosto muito de fazer isso enquanto estou sozinho no carro, na fila do banco ou naquelas horas em que tiro para meditar mesmo.

O peregrino russo rezava continuamente enquanto andava em silêncio repetindo: *Senhor Jesus Cristo, tende piedade de mim que sou pecador*. Era o jeito que ele encontrou de estar conectado espiritualmente. Essa é uma bela oração cristã que se assemelha com a meditação andante. Em lugar do nome Jesus você pode pôr outros nomes ou palavras que têm forte significado arquetípico para você.

Quando oramos desse modo nunca estamos sozinhos e nunca estaremos perdendo tempo. Estamos simplesmente vivendo presentes a nós mesmos e conectados espiritualmente. Os pensamentos se acalmam, a ânsia de resolver coisas diminui e o vazio da solidão se preenche com a presença do Nome invocado.

### Meditar com todos os sentidos

Anselm Grün sugere às pessoas que têm dificuldades com os métodos tradicionais de meditação a *viver com todos os sentidos*. Isto é, aproveitar dos sentidos para poder meditar. Sem muito esforço.

Uma dessas práticas é aquela de permanecer uns dez minutos simplesmente *olhando*, deixando-se tomar pelo que está sendo contemplado. Ao mesmo tempo entrar naquilo que está sendo olhado. Quando olhamos para a beleza das criaturas somos tocados pela beleza que carregamos dentro. A vida que observamos ao nosso redor acorda e alimenta a vida que está dentro de nós mesmos. Num dia de neblina fechada posso contemplar meu eu nebuloso, minha melancolia, minha tristeza. Num dia de sol, se me deixo tomar pela luz do sol, posso aumentar a minha luz interior e me tornar mais alegre por isso. Sento na beira de um rio e deixo-me tomar pelo movimento das águas que acordarão em mim muitos outros movimentos internos gerados pelos sentimentos que emergirão. Enfim, experimente fazer essa experiência e você verá.

Depois, pode-se experimentar a sensação de ficar uns dez minutos apenas *escutando*. Se abrirmos nossos ouvidos com a intenção de escutar diferente, tudo aquilo que estamos constantemente acostumados a escutar será percebido de outra forma, inclusive aquilo que já estamos cansados de ouvir.

Abrindo nosso ouvido de uma forma sagrada e atenta ouviremos a partir da alma e alcançaremos o silêncio de nós mesmos. O cantarolar dos pássaros, o som da brisa, o barulho da chuva ou mesmo o silêncio total nos arranca dos barulhos de nossa mente, deixando-nos conectados a nós mesmos pelo silêncio. Há certas noites que no meio da mata tudo está em silêncio. É um instante de puro nada que preenche qualquer vazio. É um mistério que para os que têm medo do silêncio causa pavor, mas que para aqueles que o desejam leva ao encontro do próprio mistério.

Em seguida se pode concentrar a atenção no sentido do *olfato*. Se prestarmos bem atenção aos cheiros, perfumes e odores em geral, numa fração de segundos fazemos uma viagem para o nosso passado, recordando pessoas, lugares, fatos e momentos marcantes de nossa história. Quando os cheiros nos fazem lembrar de momentos de nossa infância, podemos através dessa experiência buscar o tempo em que a nossa alma ainda era inteira. Ou o contrário, quantas pessoas, a partir de odores e cheiros, se curaram de lembranças que dentro delas ainda soavam como experiências de medo, de tristeza ou de amargura. Lembro-me de uma experiência que tive há dois anos, perto do Natal, quando sentado à beira de uma fonte de água pura no Espaço Holoìkos onde também moro, sentindo o cheiro do mel das abelhas e das flores de acácia entre outros odores do mato que ali havia, reportei-me a uma experiência muito prazerosa da infância quando minha mãe convidava as vizinhas para juntos fazermos biscoitos de natal com açúcar colorido num forno a lenha que tínhamos na família. Aquele tempo era muito cheio de alegria, pois era a época em que esperávamos o Papai Noel, sem dúvida, mas também um monte de pessoas queridas que viriam no visitar. Fiquei naquela fonte por pelo menos uma meia hora, emocionado. Não era eu quem estava ali. Era minha alma de criança, mesmo que num corpo de adulto. Ao voltar para casa não era mais o mesmo que havia descido para a fonte há meia hora antes.

Outro exercício pode ser aquele de observar as *sensações da pele*. Sentir o vento que me acaricia, o sol que me aquece, as mãos que tocam uma flor ou que acariciam meu cachorro, os pés que tocam o chão firme. Posso também fazer a experiência de juntar minhas mãos sem que elas se toquem, deixando uma fresta entre elas e perceber na pele o espaço que separa uma da outra. Fazendo isso entro em contato com uma presença que não tem corpo, mas que está ali. O silêncio me reporta ao nada que existe como presença invisível. Quando observo as sensações de minha pele crio condições para que meu ser não se limite às extremidades de meu corpo, de forma que onde estou fisicamente é só um ponto onde me enraízo para poder estar em qualquer outro lugar que meu corpo naquele instante não poderia estar. Esse exercício nos desmaterializa e amplia nossa presença.

Como diz Grün, através do exercício do meditar por meio dos sentidos posso chegar ao silêncio que me faz encontrar Deus. Não só porque nas criaturas se expressa essa presença divina na forma e na energia de cada uma, mas também porque o silêncio colhido desse exercício prepara mais sensivelmente o meu espírito para perceber a presença do sagrado além do que existe.

## Meditar usando as posturas do corpo

Já é de conhecimento das pessoas que algumas posturas do corpo ajudam melhor a entrar em clima de oração e atenção. A maioria das técnicas mais clássicas de meditação considera a postura do *sentar-se* como a mais propícia para o corpo a fim de que a mente se acalme. Não importa muito aonde. Pode ser num templo, numa cela, no meio da natureza, diretamente no chão ou sobre uma pedra. Quando a samaritana perguntou a Jesus qual seria o melhor lugar para encontrar-se consigo mesma através da adoração a Javé, no templo ou na montanha?, Jesus respondeu: nem no templo e nem na montanha, mas no interior de si mesma. Sim, pode ser também no templo ou na montanha, desde que esse seja somente um lugar para acalmar-se, pois o espaço do encontro mesmo será a interioridade mais profunda do próprio ser.

Eu costumo sugerir às pessoas que não sabem bem qual é o melhor lugar para meditar que elas descubram na própria casa, no seu jardim ou mesmo no quintal o espaço em que elas mais se sentem bem quando ali estão. Não existem espaços de nossa casa que nos sentimos muito bem ficando ali? Pois é, esse espaço em geral é um lugar de poder. Há alguma coisa que faz com que energeticamente esse lugar se torne um espaço de cura ou de empoderamento do ser. Meditar nesse espaço se torna muito fácil.

Não é suficiente sentar-se. A maioria das vezes que nos sentamos, inclusive nos sofás que temos em nossa casa para que fiquemos mais confortáveis, normalmente o que fazemos não é sentar: nos jogamos ou nos esparramamos sobre eles. O melhor modo de sentar para meditar é colocar-se na postura da flor de lótus, mas o que importa é que todo o nosso corpo fique bem-assentado, os ossos se acomodem, a coluna fique ereta, a cabeça bem sobre o corpo e nossos braços e mãos bem juntos ao corpo. E então, respirar prestando atenção ao movimento de entrada e saída do ar como se estivéssemos repetindo um mantra para acalmar nossa mente. Graf Dürckheim, grande mestre – sempre muito lembrado pelos mestres espirituais atuais, como Grün e Leloup – ensina que é muito interessante prestar atenção no hiato que existe entre o inspirar e o expirar, naquela hora em que não há nenhum movimento do ser, nem para dentro nem para fora. Esse instante é muito sagrado, segundo ele, é algo como entre a vida e a morte, um momento em que estamos de consciência inteira, como se ali sou somente eu.

Algumas pessoas que desejam empreender um caminho de meditação se incomodam com o corpo que parece logo ficar desconfortável com o estar sempre na mesma postura. Na verdade, no início da meditação você ainda sente o seu corpo sentado, mas se a postura for a mais correta para meditar, logo você esquece que tem um corpo sentado, pois você, ao acalmar-se, logo estará em algum outro "lugar", que não é mais o seu corpo. Por isso, cada um precisa descobrir qual é o jeito melhor para se preparar para a meditação. O segredo está em manter uma disciplina; então, pouco a pouco, o corpo também vai se acostumando a entrar em sintonia com as posturas que convém à alma para que ela esteja mais livre possível para o encontro com Deus. Ao mesmo tempo, é preciso não ser muito rígidos conosco mesmos, sem ter de ficar ali pensando se estou meditando certo ou não. Importa que eu consiga ficar muito presente àquele instante e alcance algum grau de quietude para que minha alma possa se aproximar do Mistério Maior. Quando me incomoda muito ter de meditar, naquele dia estou tendo uma chance de me perguntar o que está acontecendo comigo que não consigo permitir que o Mistério se achegue a mim do jeito que Ele quiser. Normalmente é algum desconforto emocional, algum sentimento proveniente de um pensamento tóxico que me incomoda.

Observando mais psicologicamente a questão da postura de nosso corpo podemos aprender muito. Pessoalmente, passei muito tempo de meus anos me sentando mal e desenvolvi uma hérnia de disco. Fisicamente é muito desconfortável, pois objetivamente o corpo se encarregou de adaptar as vértebras para melhor sustentar o peso do corpo, que estava se assentando mal. No entanto, quando vou observar mais de perto o porquê de eu ter sempre sentado assim – embora a primeira explicação e a mais superficial seria aquela de pensar que é pelo fato de eu ser alto –, vou perceber que o jeito que eu sempre sentei ou a postura do corpo que eu conservei era proveniente daquilo que eu pensava de mim mesmo. Quando temos uma forte baixa estima curvamos nosso corpo para frente e para baixo, e então a coluna vai fazer uma curva para fora, mas quando temos concepções narcisistas de nós mesmos, estufamos o peito, empinando o nariz, então lá embaixo a coluna faz uma curva para dentro. Ambas as posturas nos levam fora do eixo. Não podemos meditar ficando fora do eixo. Ou talvez seja a meditação que nos trará de volta para o eixo.

*Ficar de pé* é também outra postura boa para meditar. Há quem tem maior facilidade de meditar nessa posição. O sentido espiritual do ficar de pé também é muito sagrado, por isso que em vários ritos religiosos, em certos momentos do ritual, somos convidados a permanecer de pé. A mãe que de noite cuida da criança que não está bem fica de pé. O vigia que faz com zelo seu trabalho fica de pé. O ficar de pé não só tem um sentido de prontidão, mas também de firmeza, de fidelidade, de fé, mesmo que na noite escura do meu ser. Isto é, o Cordeiro está ferido, mas está de pé, como nos lembra o Livro do Apocalipse.

Estar de pé como aquele que escuta, que está atento à presença do ser, que no silêncio sente a presença de si mesmo. Esse exercício meditativo pode ser feito andando numa trilha em meio ao bosque, quando paramos algum instante para tudo observar e observar-se. Mas também numa fila em que estamos esperando para sermos atendidos. Se você tiver a oportunidade de subir ao topo de uma montanha e ficar de pé sobre ela observe bem a sensação que vai lhe dar. Mas ao mesmo tempo fique de pé, lá embaixo, diante da alta montanha, e então terá outra sensação. Aquele que está de pé e sabe estar de pé vai colher muitas coisas para sua alma que só experimenta aquele que tem a consciência de sua presença ereta.

Outro exercício proveitoso de meditação é *caminhar*. Já falei disso quando escrevi sobre a meditação andante. O movimento de caminhar ou andar é simbolicamente muito carregado de sentido. Há pessoas que resistem em caminhar. Outras que não andam. Não somente com as pernas, mas não seguem nenhum caminho ou resistem dar passos mais ousados.

O grande segredo do peregrino é o caminhar. Seu jeito sagrado de seguir é caminhando. Para ele tem muito sentido "andar na luz", seguindo o caminho com humildade. Ele escolheu "o caminho estreito", aquele que exige atenção constante para poder andar na bênção de seu Deus. Ele segue o fluxo da bem-aventurança. O peregrino caminha consigo mesmo e diante de seu Deus. Ele sabe que andando ele pode tanto aproximar-se de seu Deus quanto distanciar-se dele e de si mesmo. Por isso o seu caminhar é um caminhar atento.

Tem dias que passamos todo o dia caminhando. Mas quase nunca nos perguntamos no final do dia por onde foi que hoje eu andei? Toda vez que acordamos de manhã e saímos andando dia afora sem nos dar conta do caminho que estamos fazendo é como se andássemos sem caminhar propriamente, pois não temos a consciência voltada para o caminho que estamos realizando. Tem muita diferença entre aquele que ao se levantar toma consciência da luz que o acompanhará durante o dia e aquele que não parou para dar sentido ao dia que tem pela frente. Aquele que se coloca sob a Grande Luz já desde o começo do dia, logo cedo, está se pondo no fluxo da bênção, da bendição. Então tudo o que ele fizer durante o dia, ele não está fazendo coisas, e sim cumprindo seu caminho.

Já tenho feito várias vezes caminho pelas trilhas em espaços de retiro ou peregrinações para algum lugar sagrado com grupos. E tenho notado que do jeito que as pessoas andam pelas trilhas ou pelo modo como peregrinam se pode saber como elas seguem o caminho da vida delas. Umas logo se cansam, outras se queixam constantemente, outras se perdem distraidamente com coisas que encontram no caminho, outras ficam com medo de não dar conta ou de "bichos" que podem encontrar, outras preferem nem começar. Então não conseguem ficar sozinhas, estão continuamente procurando alguém para conversar e falam de tudo, menos das coisas do caminho. Por outro lado, tem umas que querem chegar logo ao final, andam depressa, não enxergam quase nada, mas querem cumprir o caminho. Têm uma ânsia de chegar ao final. Mas há os que estão presentes ao ser que caminha, atentos a tudo e ao mesmo tempo sem se prender a nada. São aqueles que naquele instante só têm uma tarefa: caminhar conscientemente. Normalmente são assim também com o próprio caminho pessoal. Já aprenderam que caminhar é também um belo modo de se conhecer caminhando.

### Meditar diante de lugares naturais

Cada um de nós tem uma predileção especial por algum aspecto da natureza. Há os que gostam de água. Extasiam-se e se acalmam diante do mar, dos rios, das cascatas. Outros preferem as montanhas. Outros ainda se recuperam na alma caminhando por entre as florestas. Pode ser que desde criança carregamos essas preferências.

Não sabemos bem por que gostamos dessa ou daquela expressão da natureza, mas é muito importante descobrirmos o que é que nossa alma mais anseia em contemplar. Pois normalmente isso tem muito a ver com nosso espírito.

A *floresta*, por exemplo, inspira segurança, como diz Grün, e representa nosso inconsciente; por isso, sempre que nos colocamos a caminho numa floresta ou mesmo a contemplá-la, facilmente surgem de dentro de nós expressões de nosso ser que jamais havíamos observado. As culturas primitivas conservam um grande respeito pela floresta e pelos guardiões da floresta. Para essas culturas a floresta é sagrada, como também os seus deuses o são.

Se para você a floresta lhe inspira muito, não deixe de visitá-la seguidamente, pois ela é sua raiz e fonte de inspiração para seu ser. Se não fizer isso de vez em quando é como se você estivesse tirando o pão da boca da alma. Ela lhe trará inspirações e recordações antigas. Portanto, ela se torna um fator de cura e de recuperação de pedaços perdidos da alma.

Para outros a fonte de inspiração da alma pode ser a *água*. Simbolicamente a água tem ligação com sentimentos, pois ela também evoca nosso inconsciente. Para quem gosta da água, ficar diante dela significa acalmar-se e ao mesmo tempo deixar-se mover interiormente por ela. Quando eu estudava em Roma fiquei morando um período numa casa de acolhimento de pessoas com doenças mentais. E no tempo de férias íamos alguns dias na praia com elas. À beira do mar muitas delas pioravam nas suas doenças e outras se acalmavam. Não podemos ignorar o que causa em nós a imensidão do mar. O mar já foi muitas vezes comparado ao Mistério de Deus. Assim como desejamos muito entrar nele, nos assusta o seu mistério. É preciso ter coragem de permanecer sozinho diante do mar, muito mais ainda entrar nele, e muitíssimo mais navegar sobre ele. Diante do mar ou de um rio e uma cachoeira não conseguimos ficar inertes. O movimento das águas movimenta nossa interioridade. Aguça em nós os sentimentos mais escondidos.

Muitos ritos se utilizam da água para evocar o despertar do nível espiritual do ser. A água tem o poder de purificar, de regenerar e de saciar a sede, e quando esses poderes são elevados aos níveis mais altos do ser, através de sua força simbólica, acordam na alma os mais altos degraus de sua essência. Por isso a calma da água nos acalma, assim como o agitar da água evoca nosso lado sentimental agitado interiormente. Do mesmo modo o poder espiritual da água desperta em nós os desejos espirituais de nosso ser. Ficar na beira de um rio é um belo exercício de fazer ir embora o que eu não quero mais carregar comigo no meu caminho. E permanecer diante de uma fonte que jorra constantemente pode me lembrar que há uma fonte em mim que nunca se estanca, e que se eu cuidar dela, jamais vou ficar com sede daquilo que minha alma mais precisa.

Algumas pessoas, com o passar dos anos da vida, mudam de lugar natural de contemplação predileta. Eu pessoalmente, por exemplo, gostava muito do mar, até o dia em que tive a oportunidade de conhecer de perto as montanhas dos Alpes europeus, em 1988. Depois, voltei muitas outras vezes a visitá-las, no tempo em que morei em Roma. Diante delas parecia que havia voltado para algum lugar do qual eu tinha muita saudade. Fiquei perplexo, sem palavras, me retirei e ali fiquei a sós por um bom tempo. Queria morar ali para sempre. Chorei mais do que uma vez diante delas. É como se eu pertencesse a esse lugar e como se elas me conhecessem e também tivessem esperado longo tempo para me reencontrar.

A *montanha* para mim é o símbolo que mais alto me fala sobre Deus. É como se Deus fosse assim. Há uma presença que não cobra nada. Um mistério que se deixa envolver. Uma voz que pode ser ouvida. Um sentimento que se deixa acessar. Uma grandeza cheia de humildade. Uma presença muito antiga e muito nova. Um olhar que vê de longe. Uma certeza que vou encontrá-la sempre que eu quiser vê-la. Enfim, algo que se assemelha com o que é eterno. Por isso, estar diante dela é como estar diante de alguém que eu conheço, que me é muito familiar, mas que ao mesmo tempo me deixa sempre com desejo de descobrir coisas novas.

Lembro-me que por várias vezes fui a elas caminhando de longe, em silêncio, e de vez em quando me voltava para olhar não só para cima, mas para baixo, de onde eu vim, e em seguida para onde eu estava indo, para cima. E aquele exercício me colocava como alguém que estava fazendo isso toda a vida. Meu coração sempre desejou alcançar os picos mais altos da alma. Desde pequeno fui em busca de alguma coisa que, embora não soubesse, não fosse tão comum. Eu sempre estive olhando para a montanha e deixando coisas na planície. Quantas coisas eu deixei para trás para poder subir sem muito peso, mas quanto mais leve teria se tornado a escalada se eu tivesse tido a coragem de, desde cedo, deixar para trás muitas outras que só mais tarde fui notar que só me atrapalharam no caminho. Enquanto eu gostava do mar ainda estava encantado com a planície e me ocupando com as coisas dos meus afetos e desejos inconscientes. Mas na hora em que a minha alma se tornou menos pesada foi que descobri que podia também voar, não somente caminhar. Gosto das montanhas porque elas têm picos que levam a Deus.

O antigo povo de Israel procurava Deus na montanha. Moisés subia até ela para receber as mensagens divinas para seu povo. Jesus subia à montanha quase todas as noites para orar. No Monte Tabor, junto com alguns de seus discípulos, foi que Ele teve uma grande experiência transpessoal que a tradição cristã chamou de Transfiguração. Foi na montanha que Ele proferiu um dos mais belos textos místicos que conhecemos como bem-aventuranças. Mas foi também no cume do Monte Calvário que teve a força de suportar uma das mortes humanas mais cruéis, sem perder a dignidade humana e a bem-aventurança da alma.

Nos picos mais altos dos montes estão as grandes águias. E as águias não só enxergam distante, como também voam muito além daquilo que veem. Os chamados terapeutas do deserto ou monges de Alexandria, ainda um pouco antes da era cristã, tinham suas moradas nas montanhas, além de 600 metros acima do nível do mar, porque acreditavam que a montanha, além de ser um lugar simbólico espiritual, era também onde se respirava melhor e onde as pessoas encontravam mais condições para a cura de suas feridas da alma. Não é difícil encontrar montanhas sagradas, pois elas assim se tornam pelo fluxo de pessoas que através delas se sentem caminhando em direção aos picos mais altos de seus desejos de infinito.

No entanto, não podemos deixar de encontrar um lugar na natureza que simbolize um grande aspecto de nossas vidas: o *deserto*. No deserto fazemos a experiência da imensidão das nossas áreas sombrias. Ele é o grande sinal da escassez e da nudez humana. Só no deserto é que deixamos realmente para trás aquilo que não faz parte de nossa essência. O deserto é lugar de encontro consigo mesmo. Os monges iam ao deserto para, no silêncio e na nudez, experimentar o lado obscuro de si mesmos. Jesus também fez a experiência do deserto, e ali teve múltiplas formas de expressão de suas sombras que a Ele se apresentavam em forma de tentação aos desejos.

No deserto caem as máscaras. Deserto é aquela parte de mim que nem eu mesmo sei por que é que sou assim. Zeca

Baleiro, grande poeta e cantor brasileiro, diz numa frase de suas músicas cantadas com Fagner: "meu coração vive cheio de amor e deserto". Quem é que não tem amor e deserto em sua alma? O que seria do deserto longe de um pingo de amor? O amor é o oásis de um grande e seco deserto. Só o amor para nos fazer atravessar o deserto, mas é só o amor que consegue nos encorajar para que entremos no deserto de nós mesmos.

Aliás, o que seria também do amor sem o deserto? Amor sem deserto é amor narcisista. Amor sem deserto é superficialidade, sem doação, sem entrega gratuita, sem oblação. Só o deserto garante a mais alta qualidade de nosso amor. Só quem passou pelo seu deserto pode medir o tamanho de seu amor. Quantas pessoas que, entrando em uma dinâmica de deserto, precisaram somente de um pouco de amor para que elas retomassem a própria vida com decisão e coragem. O amor no deserto não deixa nossa alma morrer de sede. Mas tem coisas de nossa alma que só o deserto pode fazê-las conhecidas por nós mesmos.

Então, com nossa bela e querida natureza, contemplando suas mais diferentes expressões, podemos alcançar a beleza de nossa alma, ela que tem o poder de nos fazer subir e descer, a fim de que o que está na planície nos remeta para a montanha e para que lá da montanha retiremos o alento para continuar a caminhar serenamente nas planícies de nossa vida.

### Meditar recapitulando

Não há crescimento espiritual sem um processo terapêutico que ajude a perdoar nossos enganos. O perdão não é somente um dom espiritual. Ele é antes de tudo um processo que precisa ser feito pelo eu psíquico. O perdão mais difícil, no entanto, é aquele em relação a si mesmo. Perdoar-se de ter feito escolhas não bem-pensadas, de ter errado mesmo sem querer, de não ter dito não na hora certa ou de ter dito um sim pela metade, que comprometeu a própria verdade. Precisamos nos perdoar e perdoar os outros e os fatos que fazem parte de nosso complexo imperdoável.

Um belo jeito de perdoar é o que Don Juan ensina a Castañeda, que ele chama de *recapitulação*. O exercício consiste em lembrar ou escrever ponto por ponto o que eu preciso perdoar em mim ou numa pessoa, ou mesmo de um fato, trazendo à memória todos os dados do complexo e, em seguida, respirar enchendo os pulmões lentamente no mesmo instante em que vou virando a cabeça para a esquerda sobre o ombro esquerdo. Quando tenho cheios meus pulmões, começo a soltar o ar devagar, até esvaziá-los completamente, e enquanto faço isso vou virando minha cabeça até o lado direito, sobre o ombro direito. Fico alguns segundos sem ar e, em seguida, volto minha cabeça para o centro, respirando agora uma energia que é somente minha, sem mais a carga energética daquele fato ou daquela pessoa. O repetir desse exercício vai ajudar com que eu fique, aos poucos, somente com a lembrança do fato, sem mais que ele me toque negativamente.

Anselm Grün nos relembra uma velha prática ensinada por Evágrio Pôntico, *o exercício do porteiro*, que consiste em ficar uma meia hora a sós, sem meditar nem orar, e deixar que venham sentimentos e pensamentos e, em seguida, tomar um por um e recebê-los questionando-os, no intuito de aprender sobre eles. Se lhe vem a raiva, pergunte a ela o que ela veio fazer em sua casa. Se for o desejo de grandeza ferido, saiba qual a mensagem que esse está lhe trazendo. Se for o medo, pergunte o que ele quer a essas alturas da vida. Se for a ansiedade, indague de qual medo ou desejo ela está a serviço. O segredo consiste em abraçá-las e acalmá-las. Mas quando "alguma visita insiste em permanecer é preciso ter a coragem de pedir que ela se retire. Para algumas delas é preciso ser muito firme, para que não nos roube a energia de nossa alma ou de nosso corpo vital psíquico. Esse é um exercício de vigilância consigo mesmo. Eu sou o porteiro de minha alma.

## Meditar ouvindo música

Outro belo jeito e muito simples de meditar é ouvir uma boa música. Há umas pessoas que eu atendo no consultório que vêm antes para a terapia para poder ficar na sala de espera ouvindo a música que eu deixo no ambiente justamente com a finalidade de que elas se acalmem e entrem em clima de auto-observação. A música tem poder para tudo. Depende do que queremos com ela. Ouvir mantras ou cantá-los nos conduz ao nosso eu superior. Há quem dance ao som da música, no silêncio de seu quarto ou de alguma sala quieta. Importante é seguir o desejo musical de seu coração. Tem certas músicas que abrem o mistério de nós mesmos a partir de uma lembrança do passado. Outras nos remetem a experiências a partir de suas letras que, musicadas, têm um poder mágico de nos buscar de bem longe.

Eu gosto de escrever músicas. Elas nunca são escritas do nada. Sempre nascem depois de alguma experiência de minha alma. Quando as pessoas escutam alguma música que um dia eu escrevi, elas entram em algum aspecto da história de si mesmas de tal forma que aquela música dali por diante começa a fazer parte da vida delas. E então ela já não é mais somente minha. Na verdade, toda expressão artística e poética é expressão da alma de alguém. É o divino que passou por ali deixando marcas que acordam o que de divino está em cada um.

## Meditar fazendo algo artístico

O que dissemos da música pode-se dizer de qualquer outro tipo de arte. Qual é a sua maneira de expressar artisticamente sua alma? Quando fazemos algo manualmente estamos curando nossa mente. Lembro-me de quando era pequeno de um período que meus pais, por algum problema deles ou entre eles, não nos davam muito afeto. Então era muito monótono estar em casa com eles. Poucas palavras, poucos fatos alegres, pouco espírito de liberdade, enfim, um ambiente bastante pesado. As crianças logo captam tudo.

E eu me lembro que nós irmãos tínhamos um lugar onde ficávamos logo após o almoço, que era o tempo que tínhamos livre para brincar. O que é que fazíamos? Ficávamos debaixo de um grande pé de pera que tinha ao lado um banhado de muito barro preto. E ali passávamos umas duas horas por dia fazendo casinhas de barro. Construímos juntos uma cidade com múltiplas e diversas casas que, cada um, a seu jeito, foi moldando com o passar dos dias.

Hoje me dou conta de quanto aquilo foi importante para suportar a tristeza e a raiva daquela situação de escassez afetiva. Portanto, pintar, moldar, esculpir, tocar algum instrumento, construir alguma coisa, cozinhar, costurar, tricotar, organizar ambientes artísticos etc., tudo pode ser um belo jeito de cuidar da própria alma, pois esses exercícios, além do mais, ocupam nosso cérebro e nos enraízam.

## Meditar através de rituais

Anselm Grün chamou minha atenção ao propor como maneira de cultivar o silêncio e meditar cumprindo rituais[81]. Ele nos sugere alguns rituais matutinos e outros vespertinos. Os rituais têm poder sagrado de extrair de dentro de nós também o que é sagrado, num lugar sagrado e num tempo sagrado. Na verdade, o que acontece no ritual é que saímos de uma realidade temporal e sistemática e somos transportados para um outro nível de nosso ser, mais sutil e significativo.

Os americanos fizeram uma experiência de que casais que se despedem com um beijo ou um gesto afetuoso antes de sair de casa e ao voltar para casa adoecem menos e se recuperam mais facilmente de suas doenças. Não é pelo simples beijo ou gesto, mas pelo ritual de abrir e fechar âmbitos diferentes. Quando saio de casa e "fecho as portas" amorosamente, estou fechando meu micromundo, protegendo-o do macro, e quando volto entro novamente no interior de casa e fechando o mundo de fora. A interioridade se dá no micromundo, lugar do silêncio e da introspecção sagrada, embora precise do macro e vice-versa.

Existem rituais que se adaptam mais pela manhã, como meditar e ficar em silêncio uns 20 minutos, repetindo mentalmente algum nome sagrado ou uma frase significativa, ou visualizando uma imagem, prestando atenção na respiração. Como para algumas pessoas é difícil fazer isso, existem posturas que ajudam muito quando feitas pela manhã, como abrir os braços em forma de uma grande concha, como quem recebe do céu uma grande força e ao mesmo tempo se dispõe a ser

---

81. Ibid., p. 79ss.

tocado por essa energia, numa atitude de confiança, gratidão e entrega.

Outro exercício que eu pessoalmente gosto de fazer, que aprendi do Leloup, é o de erguer bem altas as mãos, também em forma de um grande cálice, imaginá-lo derramando sua plenitude divina, depois juntar as mãos e colocá-las diante de minha fronte, para que seja purificado e energizado meu intelecto, para depois descer ao coração, também de mãos juntas, para a purificação e bênção dos afetos, para finalmente colocar a mão esquerda sobre a mão direita apoiadas sobre o ventre, uns quatro dedos abaixo do umbigo, para que seja abençoada minha energia vital, que tanto vou precisar dela durante minha jornada.

Outra postura é aquela de erguer as mãos, dirigindo-as para frente, abertas, em forma de bênção, para que através delas as bênçãos de Deus sejam derramadas sobre a humanidade e todos os seres queridos que conheço e fazem parte de minha vida, e que naquele dia vou encontrar. Essa é uma hora que pode nos trazer muitas coisas boas, inclusive para nossos "inimigos".

Para o entardecer também existem dois bons rituais. Colocar as mãos à frente, abertas em forma de concha e agradecer a Deus tudo o que foi vivido no dia de hoje. É um gesto muito simples, mas que faz uma síntese do meu dia, que colocado sob o altar de Deus, também cumpre o rito da gratidão e do perdão. A outra postura vespertina pode ser aquela de cruzar os braços sobre o peito, ou entrelaçar os dedos das mãos sobre o coração, a fim de proteger o que fora vivido durante o dia e para que seja protegido o fogo do Espírito que está dentro de mim. Quando faço isso estou dando a permissão ao fogo sagrado do Espírito para que queime tudo o que não sou eu e purifique a minha alma da poeira do dia ou dos anos vividos. Essa é uma forma de proteger aquilo que de mim não pode ser atingido. Esse exercício nos protege também dos complexos espirituais, vindos de fora, portanto, que podem nos roubar uma porção de nossa essência.

Tenho um rito que eu faço sempre que tenho de ir para algum lugar para uma palestra ou para uma reunião de grupos. Fico em silêncio e imagino uma grande luz que vem do alto e mando-a em direção a esses lugares para onde eu tenho que ir, de forma que, quando eu chego lá, a bênção já está lá e tudo vai acontecer segundo a intenção original daquele evento. A diferença é visível no processo do trabalho e nos fatos quando faço esse ritual.

Claro que existem muitos outros tipos de ritos que podemos fazer, como acordar junto ao sol da manhã e pensar que vou ter durante todo o dia a presença do Grande Sol que protegerá e aquecerá minha vida. Posso também entrar na noite para que se curem aspectos de minha alma que precisam do mistério da noite para serem purificados e transformados. Tudo depende da intenção que damos e daquilo que esperamos alcançar com cada rito. Onde existe uma intenção amorosa, com certeza, haverá cura e bênção, que são dois processos necessários para nossa alma.

Enfim, a alma precisa muito de silêncio. O silêncio é dos manjares da alma o mais saboroso. Ele tem um grande poder de organizar as experiências do profundo, pois juntamente com a intencionalidade consciente ele favorece a reestruturação de tudo o que fora necessariamente, muitas vezes, desestruturado para poder avançar a novos estágios do ser. Cultivar o silêncio é cultivar a alma, e um belo jeito de ficar longe das doenças psíquicas. Numa época em que tudo é muito "barulhento", fazer silêncio é um belo jeito de deixar de ser tão comum, para que se possa ver a alma, que nos faz ser tão distintos, por maiores que sejam os labirintos.